Heidegger und die Literatur

Herausgegeben von
Günter Figal

Beirat
Damir Barbarić (Zagreb)
Thomas Buchheim (München)
Donatella Di Cesare (Rom)
Michael Großheim (Rostock)
John Sallis (Boston)

HeideggerForum

Heidegger und die Literatur

Herausgegeben von Günter Figal
und Ulrich Raulff

VittorioKlostermann

Dieser Band ist zugleich der zehnte Band der Schriftenreihe der Martin-Heidegger-Gesellschaft.
Verantwortlich: Günter Figal, Hans-Helmuth Gander, Friedrich-Wilhelm v. Herrmann, Manfred Riedel (†), Hartmut Tietjen.

Bibliographische Information der Deutschen Nationalbibliothek

Die Deutsche Nationalbibliothek verzeichnet diese Publikation in der Deutschen Nationalbibliographie; detaillierte bibliographische Daten sind im Internet über *http://dnb.d-nb.de* abrufbar.

© Vittorio Klostermann GmbH · Frankfurt am Main · 2012
Alle Rechte vorbehalten, insbesondere die des Nachdrucks und der Übersetzung.
Ohne Genehmigung des Verlages ist es nicht gestattet, dieses Werk oder Teile in einem photomechanischen oder sonstigen Reproduktionsverfahren oder unter Verwendung elektronischer Systeme zu verarbeiten, zu vervielfältigen und zu verbreiten.
Gedruckt auf Alster Werkdruck der Firma Geese, Hamburg, alterungsbeständig ⊖ ISO 9706 und PEFC-zertifiziert
Satz: post scriptum, www.post-scriptum.biz
Druck und Bindung: Hubert & Co., Göttingen
Printed in Germany
ISSN 1868-3355
ISBN 978-3-465-04134-4

Inhalt

Vorwort 7

Botho Strauß
Heideggers Gedichte. Eine Feuerprobe unserer
kommunikativen Intelligenz: Zum einundachtzigsten Band
der Gesamtausgabe 9

Donatella Di Cesare
Übersetzen aus dem Schweigen. Celan für Heidegger 17

Dennis J. Schmidt
Von der Wahrheit sprechen: Homer, Platon und Heidegger 35

Marion Hiller
Heidegger und die Literatur, oder: *Der Ursprung des
Kunstwerkes* in seinsgeschichtlicher Dimension 55

Johann Kreuzer
Wozu Dichter? Das Gespräch mit Rilke und Hölderlin 73

Günter Figal
Am Rande der Philosophie. Martin Heidegger liest
Ernst Jünger 93

Markus Wild
Heidegger, Staiger, Muschg. Warum lesen wir? 107

Ulrich von Bülow
Raum Zeit Sprache. Peter Handke liest Martin Heidegger 131

Zu den Autorinnen und Autoren 157

Personenverzeichnis 159

Peter Handke: Notizbuch, Eintrag vom 24. Oktober 1982
(vgl. S. 149–150). Foto: DLA Marbach

Vorwort

Heideggers Lektüren literarischer Texte gehören für ihn zur Arbeit des Denkens. Sie sind dementsprechend äußerst gründlich, manchmal von bohrender Intensität, selten ohne eigene Absichten. In der Dichtung sucht Heidegger, was das philosophische Denken – wie er denkt – nur indirekt sagen kann. So verweist er die Philosophie an die Dichtung und übersetzt lesend die Dichtung in Philosophie. Damit verwandelt sich die Dichtung; sie erscheint neu und bisweilen erst so als Dichtung. Kein Wunder also, dass Heideggers Texte von Dichtern besonders aufmerksam gelesen wurden. Dabei spiegeln die Heidegger-Lektüren von Dichtern – zum Beispiel von Paul Celan, Botho Strauß und Peter Handke – das philosophische Denken in und als Literatur. So wird ein weiter Literaturbegriff deutlich – einer, der philosophisches und dichterisches Schreiben unter sich befasst, ohne die Verschiedenheit beider zu verwischen.

Das vorliegende Buch geht auf eine Tagung zurück, die im Jahr 2009 gemeinsam von der Martin-Heidegger-Gesellschaft und dem Deutschen Literaturarchiv in Marbach veranstaltet wurde. Unser Dank gilt allen, die am Zustandekommen von Tagung und Buch beteiligt waren. Besonders danken wir den Mitarbeiterinnen und Mitarbeitern des Deutschen Literaturarchivs, namentlich Heike Gfrereis und Marcel Lepper, für ihr Engagement bei der Vorbereitung und Begleitung der Tagung, sowie Sonja Borchers, Anna Hirsch, Marie Merscher und Alexander Schmäh für ihre redaktionelle Arbeit.

Günter Figal   Ulrich Raulff

Botho Strauß

Heideggers Gedichte
Eine Feuerprobe unserer kommunikativen
Intelligenz: Zum einundachtzigsten Band
der Gesamtausgabe[*]

Der einundachtzigste Band der Gesamtausgabe von Martin Heidegger trägt den Titel „Gedachtes" und enthält in vier Abteilungen Texte, die die Nähe und gegenseitige Abhängigkeit von Dichten und Denken nicht erörtern, sondern selbst erproben.

Es beginnt mit der lyrischen Selbstvergewisserung des einundzwanzigjährigen Theologiestudenten: „Ich mied der Gottesnähe heldenschaffende Kraft / Und tappte irrlichthaschend durch Not und Nacht." Und mündet, etwa Mitte der siebziger Jahre, kurz vor dem Tod, in gehärteter, spröderer Form wieder in den Anfang, wie es bei diesem Denker nicht anders sein kann:

Wege, befreiend den Schritt zurück
für seinen Gang,
gerufen aus Anklang,
geringem,
aus anderer Gegend des An-fangs.

Und wieder die Not
zögernden Dunkels im wartenden Licht
der entzogenen Lichtung

---

[*] Der Essay erschien erstmals in der Frankfurter Allgemeinen Zeitung vom 19. September 2008, außerdem in: *allmende*. Zeitschrift für Literatur 82 (2008), 45–50. Unser herzlicher Dank gilt Herrn Botho Strauß für die freundliche Genehmigung des Abdrucks.

des noch sich verbergend-
bergenden Vorenthalts:
armutbereite Stätte sterblichen
                    Wohnens

Doch kaum je gewahrt ist
reines Ende den Wegen des Denkens.
Es hieße:
noch unterwegs.

Man sieht, dass „Gedachtes" nicht etwa bedeutet: improvisiert und schnell notiert. Vielmehr wird im Spiel-Raum des Verses etwas gewagt, das zur Steigerung bekannter Leitworte des Heideggerschen Denkens führt. Sie werden aus ihrer gewohnten Umgebung, dem erläuternden Philosophieren, herausgehoben und zurückgeholt an die Grenze zu einer Erst-Sprache, in der Dichten und Denken noch nicht unterschieden sind.

   So wird immer wieder das Wort Vorenthalt zur Bezeichnung des Daseins genutzt, dem die endgültige Wiederkehr des Anfangs, im weiteren Sinn: die Ankunft des Gottes vorenthalten wird. „Armutbereit" deshalb, weil es, mit Hölderlin, in dürftiger Zeit, des Gottes bedürfend, dahingebracht wird. Der Dichter, dem Heidegger sich anlehnt, ist nämlich der einzige, der stellvertretend für das vergessliche Menschentum das Andenken des Gottes erhält.

   Wenn Denken etwas nicht enden wollend Vergängliches ist, wahre Dichtung aber in sich vollendet erscheint und damit den Ausgang ins Undenkbare öffnet, was ist dann „Gedachtes"? Ist es Denken, angehalten, in Perfektform erstarrt? Offensichtlich ist es nichts, das als Nebenprodukt beim Denken abfiele. Dennoch könnte es sich um eine Art Ausfällung handeln, die „Aus der Erfahrung des Denkens" (so der Titel des in sechzehn Kapitel gegliederten Hauptteils des Buchs) übrigbleibt, eine kernige, kristallische Substanz.

   Der Autor selbst gibt eine Erklärung zum Charakter dieser Texte mit dem Hinweis, er habe diese und keine andere Form gewählt, um Aussagesätze, Sätze überhaupt zu vermeiden und alle „Füllwörter" zu umgehen. „Dem äußeren Anschein ‚Verse' und Reime – sehen die Texte aus wie ‚Gedichte', sind es jedoch nicht."

   Oder sind es doch? Das kann weder der Autor noch der Leser eindeutig bestimmen. Und das nicht aufgrund des permissiven poetischen Geschmacks und der Fülle der Formerweichungen, die uns die experimentierende Moderne bescherte. Der Autor ist in seinem Urteil deshalb eingeschränkt, weil für ihn in letzter Instanz nicht Klang und Melodie ausschlaggebend sind, sondern allein die Annäherung an den vorsokratischen Spruch, der vom dichtenden Denker stammt. Den Grad seiner Annäherung kann er indes nicht selber ermitteln.

Doch suchen alle seine Verse den „Schritt zurück" zu vollziehen, um mit dem vielmals Gesagten in die Frühe des Spruchs einzukehren, um es gleichsam wieder zu verheimlichen und in noch Unausgesprochenes zurückzuführen.

Auch wenn sie, zum Angebinde gesammelt, seiner Frau, seiner Mutter zu einem hohen Geburtstag übergeben werden, enthalten sie nirgendwo etwas Hübsches, eine heitere Sentenz oder einen geistreichen Aphorismus.

Für den Leser, der ein Anhänger der schön bemessenen, der schonend erschließenden Prosa des Philosophen ist, sind es zunächst unsichere und unselbständige Gebilde. Ein Anklang hier von Goethe und Mörike, dort ein Trakl-Ton oder ein Abzweig zu Rilkes gebirgiger Substantivik, ein Winterwerden da, die ferne Nähe dort. Und natürlich immer wieder der vor allen anderen vorsagende, soufflierende Hölderlin. Dem Dichter, so heißt es, wird als erstem vorgesagt, denn dichten ist *dictare,* sich sagen lassen. Er erfährt jäh den „Zuspruch des Seyns", dem er nachspricht.

Der späte Heidegger, den die Werkgeschichtler bereits ab 1930 erkennen, nach *Sein und Zeit,* und dem zu größeren Teilen das hier „Gedachte" zudatiert werden muss, ist der Mann mit dem Stift in der horchenden Hand. Er hat sich von niemandem so innig etwas sagen lassen als vom griechisch-deutschen Hölderlin (der ja alles von seinsgeschicklichem Belang bereits im Ganzen und Ganz-Anderen gesagt hatte).

Oft fällt der äußere Reim eher gefällig aus, während das Sagen selbst durchaus ungefällig bleibt. Vers, Metrum, Strophe verwehren die freie Umständlichkeit des heraufholenden Denkens. Was sich in „Gedachtes" verwandelt, wird aufs Engste versammelt und ins Weite gekürzt. Dabei reizt es den Philosophen, sich der betörenden Mittel der Poesie zu bedienen. Rhythmus und Reim nutzen, um sein Sagen noch eindringlicher, wenn nicht gar memorierbar zu gestalten.

Der Wind

Was uns entgeht.
Bleibt gesparter und weht
Als freyender Wind
Allem voran
Auf der nie übereilten
Der dichtenden Bahn,
Die jene nur sind,
Die im Grüßen verweilten.

An anderer Stelle entführte gar der Stabreim vom vorsokratischen zum altgermanischen Zauberspruch: „Wann weilt der Wind weisender Wende?"

So etwas geschieht, ähnlich wie bei Richard Wagner, wenn man von der Sprache eine Suggestion erzwingt, die man in einem anderen Medium souveräner beherrscht, der Musik oder der Philosophie. Poesie ist das nicht. Dafür fehlt es durchweg an Klang aus ungestautem Raum, an der schönen und absichtslosen Metapher, dem Schmuck einer kostbaren Realie, dem sinnlichen Detail. Statt Symbol oder Vergleich drängen sich Leitworte orphisch. Das Vokabular der Behutsamkeit, über das die Altersphilosophie Heideggers verfügt, Hirt und Huld, Wink und Wohnen, Gestell und Geviert, Worte von weitem Ruf und Hof, sucht sein Metrum. Strophen voll Nomenklatur verschließen sich zum Nomenclaustrum – zum Schloss und Gewahrsam eines Sprechens, das unablässig die Sprache selbst inquiriert, aushorcht.

Unvermeidlich sind die Kommentatoren, die Mitgeister und Vermittler, die diese zurückgenommenen, verwahrten Worte, die dem Reden entsagten, wieder zu Aussagesätzen und zum Aussprechen bereiten. Wichtiger und den Versen gemäßer wäre es zu antworten: Ich verstehe nicht, doch ich lasse mir sagen …

Zwar ist diesen Texten die Wollust, ausgelegt zu werden, eingeschrieben. Es handelt sich um dasselbe große, begehrliche Implicite, dem Heidegger im „Spruch des Anaximander" begegnete, mit dem nach seinem Urteil das dichtende Wesen des Denkens zur Welt kam.

Wer aber kann sie auslegen? Doch nicht ein Schüler, der sie im verwandten Sprechen und Denken nur wiederholte? Es muss wohl ein Künftiger sein, der ganz anders sprechend endlich versteht. Auch dem Spruch des Anaximander folgte erst nach zweitausendfünfhundert Jahren der gültige Übersetzer.

Infolge der Hymnen-Abkunft zahlreicher Verse tritt das religiös Huldigende stärker in den Vordergrund als in den ‚sokratischer' verfassten Prosa-Schriften aus derselben Zeit. Die einen danken im wiederholten Gebet, dieser hier dankt im wiederholenden Denken. Die Frömmigkeit ist ja nicht erst ins Fragen gelegt, sie bestimmt den Weg des Genesens (darin *nostos,* griechisch: Heimkehr), den Weg des Wiederholens aus der Herkunft hin zum Künftigen. Wir folgen also dem Her- und Hin-Führer. Es geht vom Heilen zum Heiligen, vom Heiligen zum Göttlichen zu *dem* Gott. Es ist, als ob nur die Differenz des bestimmten Artikels diesen Gang unterschiede von der christlichen Erwartung der Parusie. Im Grunde nähern wir uns auf einem langen und wunderbaren Umweg der letzten Erscheinung, einem Umweg, zu dem allein, wie man meinen möchte, ein geistesgeschichtlicher *flatus vocis,* Gott ist tot, eine philosophische Unbeherrschtheit uns nötigte.

Denn auch diese Philosophie steht unter dem Einfluss der Befreiungszwangssysteme, die noch die erste Hälfte des vergangenen Jahrhunderts beherrschten. Auch sie beruht auf der Übereinkunft des fehlenden Gottes und preist sich als „Hirtentum des Fehls". Wäre es anders und gäbe es für Heidegger die Realpräsenz, den ewigen Gott, wie für alle Gläubigen – welch unschätzbare Mittel zum Erwerb und Gewinn von Vertrauen wären ungenutzt geblieben! Am Ende ist ja die Gelassenheit, das Sein Lassen, nichts anderes als Vertrauen. Wenn auch nicht auf Gott bezogen, so bietet es doch den Stoff des Glaubens im Reinzustand.

Gleichwohl ließe sich eine Pointe im Stil der berühmten Pascalschen Wette anfügen: Wenn es Gott gibt, brauchen wir kein Seyn. Gibt es ihn nicht, gewinnen wir mit dem Seyn Nichts.

Das geläuterte, zum Gedicht geläuterte Denken zeigt die entschiedenste Abkehr von jener Unruhe, die Heidegger seinerzeit befiel und ihn dem Willen zur Macht und zur eigenen (akademischen) Machtergreifung zuführte. Die Abkehr musste nicht eigens moralisch ausgesprochen werden und konnte es auch nicht. Daher stehen in seltsamem Stimmungszwiespalt Celans Gedicht *Todtnauberg* und Heideggers Vorwort zu diesem Gedicht, das sich in der letzten Abteilung des Bandes findet. Bekanntlich wurde Celans Hoffnung „auf eines Denkenden kommendes Wort" gern im Sinne einer politischen Mahnung ausgelegt, während nun Heidegger das Betreiben in den

Zeilen seines Gastes ohne Replik lässt, stattdessen „in die gestiftete Stille und Welt" seiner Hütte umleitet und in die „Zuflucht erneuten Vertrauens" auslaufen lässt.

Welch umstürzlerische Moral des Gehorchens müsste heute ein Student an den Tag legen, um auf solche Worte zu hören, um nur den fernsten Glockenschlag vom „Geläut der Stille" zu vernehmen, das im Haus des Seyns, der Sprache nämlich, schwingt.

Glauben wir aber noch an das Sein? (Oder Seyn im Sinne der Wahrheit oder Bewahrung des Seins.) Oder hat es Heidegger das eine Mal ganz allein getan und stellvertretend für die Schwerhörigen aller Zeiten? Ist unser Leben nicht vollständig an die Verflechtungen der Horizontale vergeben, vom Dasein abgelenkt durch ständig wechselnde Probleme und ihre Reflexion. Abgelenkt auf eine so vielstimmige und diverse Weise, dass es schier unmöglich scheint, der Sprache des einen oder gar der Sprache des Einens mit der Alleinzuwendung zu folgen, die überhaupt erst ein Verstehen einleitet? Glaubt noch jemand an Heidegger oder glaubt ihm ganz und gar?

Die Emanzipierten begnügen sich mit der Vielfalt. Der Weise sucht seit je nach dem Einen. Weshalb gibt es jedoch nicht den geringsten Einfluss der Klugen auf die Dummen? Weil die Dummen emanzipiert sind, die Klugen aber nie.

Der religiöse Glaube lässt sich im Grunde mit jeder Lebenssituation verbinden. Zum Seyn hingegen muss sich der Einzelne abscheiden, muss sich reinigen und „stillen". Es ist gewissermaßen anspruchsvoller als Gott. Es verlangt ein äußerstes an Askese und strenger Enthaltung vom „billigen Allesverstehen des täglichen Meinens". Doch wir anderen, die wir ständig aufs Neue nach Babel leben, sind doch zur Reflexion verurteilt, sind gezwungen, in der Zerstreuung zu sprechen und im Denken an ihr teilzuhaben.

Und weiter gefragt: Glauben wir ernsthaft mit Heidegger, dass im Wesen der Technik ihre Selbstüberwindung liegt? Dass wir in dieser Zurüstung mit all den hohen und innersten Technologien uns längst auf dem Weg zum Anfänglichen befinden? Ich glaube daran. Aber wir tun das nicht.

Die Skepsis des Nüchternen gilt auch eher der geschichtsdynamischen Grundfigur von der Wiederkehr, der Wiederherstellung, der Glorie der Anfänglichkeit an sich, die vom Mittelalter bis zur Romantik (einschließlich Nietzsche und Nachfolge) Verheißung trug in ein blindes Weltgeschehen. Erst einem detailscharfen, hochauflösenden Geschichtsbewusstsein der neueren Zeit vergeht dies Schema einer modifizierten Heilserwartung.

Manches ließe sich anführen zur Unaktualität Heideggers, zumindest des kulturdeutenden, manche Überzeugung vom Unheilsstand der Dinge, die heute festgefahren, ertraglos und konventionell erscheint.

Die eigentliche Unaktualität Heideggers besteht allerdings in der klassischen Schönheit seiner Philosophie, seines die Zeit durchragenden Denkens, das zu keiner Wiederkehr berufen werden muss, sondern vielmehr dem Wieder und Wieder gleichkommt, mit dem das große Kunstwerk empfangen und betrachtet wird.

Wenn Heidegger von Hölderlin sagt, dass er immer der Künftige sei, niemals zeitgemäß, dann trifft das auch auf ihn selber zu. Auch er wird seine Unaktualität stetig erneuern und in diesem „Weltalter" niemals überholt werden.

In der Prosa ein gemessen Schreitender wird der Philosoph ein Inständiger in seinem gedichteten Denken. Was er nach Art des Mystikers schweigend sagt, mag auf andere so belebend wie verletzend wirken. Es distanziert ihr bestes Meinen zu rhetorischem Außengeplänkel. Ja, es zeigt an, wie fortschreitend äußerlich wir geworden sind, alles in allem, nicht zuletzt infolge der maßlosen Politisierung des Denkens nach Hitler.

Unvermittelt steht zwischen den Versen der schroffe Satz: „Solches Denken bleibt dem Zeitalter der Information notwendig unzugänglich." Das sollten wir nicht auf uns sitzenlassen.

Das Schwersterschließbare solcher Texte wird ja gern als raunend bezeichnet und somit in den Verruf der Rune gebracht. Obgleich doch der zynische Verzicht auf schweres Verstehen und der Anspruch auf stets bequeme Lektüre offensichtlich dem Ehrgeiz nach höherem Bildungsstand nicht förderlich sind.

Wer sich in diesen Band vertieft, wer hier durch „Gedachtes" geht, setzt seine kommunikative Intelligenz einer Feuerprobe aus. Es ist zugleich ein Feuer, das einen Haufen zeitgeschichteten Müll verbrennt. Eine Reinigung.

Donatella Di Cesare
Übersetzen aus dem Schweigen
Celan für Heidegger

> Das Schweigen
> finden
> um
> nicht
> zu
> verstummen
>
> Wir glücklichen
> Nachgeborenen
> schöpfen aus dieser
> ganzen
> Quelle
>
> (Maria Goldschmidt)[1]

1.

Es sind viele, für die das Treffen zwischen Paul Celan und Martin Heidegger, das am 24. und 25. Juli 1967 zunächst in Freiburg und dann in Todtnauberg stattfand, eine epochale Bedeutung hat. Diese Bedeutung bleibt allerdings noch umstritten. Seitdem sind mehr als vierzig Jahre vergangen, in denen Bände, Aufsätze und Dissertationen geschrieben worden sind. Aber das Auftauchen neuer Dokumente, vor allem von Briefen, und die Veröffentlichung des Katalogs der philosophischen Werke 2004, die, vermerkt und kommentiert, in Celans Bibliothek gefunden worden sind, haben neues Licht auf

---

1 Private Abschrift. © Maria Goldschmidt

dieses Treffen geworfen.² Ein Rätsel bleibt hingegen der Briefwechsel zwischen Celan und Heidegger, von dem es bis jetzt keine Spur gibt außer einem Brief von Celan an Heidegger vom 24. November 1958 und einem Brief von Heidegger an Celan vom 30. Januar 1968.³ Gewiss sind die Dokumente als solche zu betrachten; sie dürfen die Texte, das heißt Celans Gedichte und Heideggers Werke, nicht ersetzen. Trotzdem sind sie in diesem wohl emblematischen Fall entscheidend gewesen. Zunächst, weil sie dazu beigetragen haben, die persönliche Begegnung in eine tiefe und komplexe Beziehung einzufügen, die sich über fast zwanzig Jahre entfaltet hat. Und dann, weil sie zu einer Revision des Urteils gedrängt haben, das nicht wenige gefällt hatten und das Heidegger und seinem nicht-gesagten Wort den Selbstmord des Dichters zuschrieb. Aber es ist bereits evident, dass das negative Urteil über die zu emphatisch betonte Begegnung in Todtnauberg zu einem gegen Heidegger schon seit den achtziger Jahren inszenierten Prozess gehört. Als ob Celan mit seiner Enttäuschung gerufen worden wäre, um zu bezeugen, was im Allgemeinen auch durch selbst in unserem Jahrhundert erschienene Bücher für das eigensinnige und um so schuldigere Schweigen Heideggers über die Shoah gehalten wird.

2.

Es ist kein Zufall, dass die Frage, die in beinah allen Aufsätzen über Celan und Heidegger aufgeworfen wird, die Bedeutung Heideggers für Celan betrifft. Indessen möchte ich hier die Frage umkehren und daher versuchen, Celans Bedeutung für Heidegger nachzugehen. Warum seine aufmerksame Lektüre des Dichters, seine vorsichtigen Bemühungen, Kontakt mit ihm aufzunehmen und ihn dann zu treffen, seine zuvorkommende Sorge um das Leiden und die psychische Instabilität von Celan, sein Wunsch, ihn nach dem Treffen in Todtnauberg zu den Quellen der Donau, zum Ister, zu bringen? Ein Wunsch übrigens, der unerfüllt blieb, da Celan sich vorher das Leben nahm. So schreibt Heidegger am 23. Juni 1967 an Gerhart

---

² Vgl. Paul Celan, La bibliothèque philosophique / Die philosophische Bibliothek, hrsg. von Alexandra Richter, Patrik Alac und Bertrand Badiou, Editions Ens, Paris 2004.
³ Die Briefe sind im Marbacher Nachlass enthalten.

Baumann: „Schon lange wünsche ich Paul Celan kennen zu lernen. Er steht am weitesten vorne und hält sich am meisten zurück. Ich kenne alles von ihm, weiß auch von der schweren Krise, aus der er sich selbst herausgeholt hat, soweit dies ein Mensch vermag".[4] Heideggers hohe Wertschätzung Celans war nicht der einzige Grund, ihn treffen zu wollen. Wie Gadamer oft gesagt hat, wenn der Dichter ihm am Herzen lag, war das Motiv die Shoah.

Ich möchte also hier versuchen, die noch unbeantwortete Frage nach der Bedeutung Celans für Heidegger zu stellen. Dabei soll jedoch die immer deutlicher hervortretende Wichtigkeit von Heideggers Denken für die Dichtung Celans nicht vernachlässigt werden. Die Frage muss philosophisch gestellt werden, ohne aber ihre politische Dimension auszuklammern. Einige tun dies, und ohne jedwedes Zögern. Dagegen glaube ich, dass sich Heideggers „Schweigen", das Celan so tief verletzte, in solchem Zusammenhang nicht umgehen lässt. Nur durch die Frage nach Heideggers Schweigen wird es vielleicht möglich sein, die belangvolle Rolle zu umreißen, die er nach und nach Celans Dichtung zuerkannte.

3.

Warum hat also Heidegger geschwiegen? Warum hat er sich nicht über die Vernichtungslager geäußert, außer einem einzigen Mal, wenn er in den *Bremer und Freiburger Vorträgen* von 1949 von der „Fabrikation von Leichen in Gaskammern" spricht?[5] Warum hat er in Auschwitz die Wunde des Denkens nicht gesehen? Und warum hat er sich widerwillig gezeigt, auch nachdem er dazu aufgefordert worden war wie in dem berühmten, postum erschienenen *Spiegel*-Interview von 1966?[6] Bekanntlich hat sich um diese Fragen eine große Debatte entwickelt, in der fast alle, trotz verschiedener Stellungnahmen, darin übereinstimmen, dass das Schweigen, das Heidegger nach dem Krieg bewahrt hat, gegenüber der *Rektoratsrede*

---

4 Gerhart Baumann, Erinnerungen an Paul Celan, Frankfurt am Main 1992, 59–60.
5 Heidegger, „Das Ge-stell". Einblick in das was ist, Bremer Vorträge 1949, GA 79, 27.
6 Vgl. Heidegger, Spiegel-Gespräch mit Martin Heidegger (23. September 1966), GA 16.

von 1933 und allen komplizierten darauf folgenden Geschichten unverzeihlich erscheint.[7]

Liest man aufmerksam das *Spiegel*-Interview, so erhält man den Eindruck, als würde Heidegger, von dringlichen und teilweise gebieterischen Fragen bedrängt, sich weigern, die geforderte Antwort zu geben. Er sagt nicht: Auschwitz ist der absolute Schauder, den ich vorbehaltlos verurteile. Er lässt sich zu keiner Erklärung bewegen. Hätte er es getan – und darüber sollte man, wie Derrida nahegelegt hat, nachdenken – dann wäre die Sache erledigt.[8] Im Gegenteil: Er spricht kein Wort aus, das darauf zielte, einen Konsens zu ernten, kein Wort, das nicht aus dem von ihm schon Gedachten herkäme, das nicht dem gewachsen wäre, was geschehen war. Zu dem Vermächtnis, das er hinterlässt, gehört auch die Pflicht, dieses Ungedachte zu denken. Seinerseits bleibt er bei einem *entschiedenen Schweigen* stehen, in dem Sinn, den „entschieden" in seiner Philosophie hat, wo es jene *Scheidung* vom metaphysischen Beginn des Denkens markiert, um einen anderen Anfang vorzubereiten. Was ich Heideggers zugleich furchtbares und fruchtbares entschiedenes Schweigen nennen möchte, ist auch ein Geständnis: nichts sagen zu können, nicht imstande zu sein, von dem Geschehenen zu sprechen. Sein entschiedenes Schweigen verweist also auch auf einen Sprachmangel.

4.

Aus diesem Geständnis entsteht die Forderung, innezuhalten. Obwohl ein behutsamer Gebrauch der privaten Zeugnisse geboten ist, möchte ich eine Stelle aus einem Brief Heideggers an seine Frau vom 12. August 1952 (einem der 2005 veröffentlichten Briefe) heranziehen, in der er in Bezug auf eine Arbeit von Martin Buber schreibt: „Schön und darum wesentlich ist der letzte Satz: ‚Versöhnung wirkt

---

[7] Vgl. Philippe Lacoue-Labarthe, Die Fiktion des Politischen, Stuttgart 1990, 59.
[8] Vgl. Jacques Derrida, Heideggers Schweigen, in: Günter Neske/Emil Kettering (Hrsg.), Antwort. Martin Heidegger im Gespräch, Tübingen 1988, 159; Levinas, As If Consenting to Horror, in: Critical Inquiry 15/2 (1989), 485–488, hier 487; Blanchot, Thinking the Apocalypse: A Letter from Maurise Blanchot to Catherine David, in: Critical Inquiry 15/2 (1989), 475–480, hier 479.

Versöhnung'. Das bloße Verzeihen und um Verzeihung Bitten genügt nicht. Versöhnen, Versühnen, gehört zu sühnen und das sagt eigentlich: stillen – in die Stille der Wesenszugehörigkeit einander bringen".[9]

Dass Heideggers Schweigen weder eine Verweigerung noch ein Verzicht war, tritt deutlich hervor, wenn man bedenkt, dass das Schweigen schon in *Sein und Zeit* sich als „wesenhafte Möglichkeit des Redens" herausstellt.[10] „Schweigen heißt aber nicht stumm sein [...]. Nur im echten Reden ist eigentliches Schweigen möglich".[11] Sowohl in dem Kommentar zu Hölderlins Hymne *Der Rhein* als auch in der Nietzsche-Vorlesung und in den *Beiträgen* weist Heidegger mehrmals darauf hin, dass „die Sprache im Schweigen" gründet.[12] Das höchste Sagen besteht darin, das eigentlich zu Sagende so zu sagen, dass es im Nichtsagen genannt wird: das „Sagen des Denkens ist ein *Erschweigen*".[13] Und im späten Aufsatz „Der Weg zur Sprache" von 1959 unterscheidet er bekanntlich zwischen Sagen und Sprechen: „Einer kann sprechen, spricht endlos, und alles ist nichtssagend. Dagegen schweigt jemand, er spricht nicht und kann im Nichtsprechen viel sagen".[14] Heideggers *entschiedenes Schweigen* ist also ein Erschweigen und sogar ein Verschweigen, sofern der Verschwiegenheit das echte Hörenkönnen entstammt.[15]

5.

Bis jetzt ist noch kein Vergleich, der eigentlich in Bezug auf Celan unerlässlich wäre, zwischen dem Schweigen von Heidegger und dem von Adorno angestellt worden – das heißt zwischen einer sich zurückhaltenden Philosophie, die dem Dichter das Wort lässt, und einer Philosophie, die dem Dichter das Schweigen auferlegt. Im Nachkriegsdeutschland, das zwischen der Gefahr der Verdrängung und der abgründigen Grabesstille der Opfer zerrissen ist, veröffentlicht

---

9 Heidegger, Mein liebes Seelchen! Briefe Martin Heideggers an seine Frau Elfride 1915–1970, hrsg. u. komm. v. Gertrud Heidegger, München 2005, 279.
10 Heidegger, Sein und Zeit, GA 2, 218.
11 Heidegger, Sein und Zeit, GA 2, 219.
12 Heidegger, Beiträge zur Philosophie, GA 65, 510.
13 Heidegger, Nietzsche 1, Pfullingen 1961, 471.
14 Heidegger, Unterwegs zur Sprache, GA 12, 252.
15 Vgl. Heidegger, Sein und Zeit, GA 2, 219.

Adorno in dem Aufsatz *Kulturkritik und Gesellschaft* von 1951 den lapidaren Spruch: „nach Auschwitz ein Gedicht zu schreiben ist barbarisch".[16] Dieses Verdikt, das Adorno zwar milderte, aber nie widerrief, wurde als Verbot verstanden. Die Dichter fühlten sich provoziert und bedroht. Zuallererst Celan. Wenn Adorno behauptet, dass der Dichter von dem Schauder ablenkt, zielt er nicht auf Celans *Tangul mortii,* seine *Todesfuge*? Mit ihrem frenetischen Musikrhythmus, ihrem unaufhörlichen Refrain, erschien die *Todesfuge* als das Beispiel der von Adorno verurteilten ästhetisierten Reifikation; dennoch war sie für alle das Gedicht nach und über Auschwitz, das dem Verbot widersprach. Celan wurde jedenfalls dazu gedrängt, sowohl über seine Dichtung nachzudenken als auch Kontakt mit dem Philosophen zu suchen. Wie aber im *Gespräch im Gebirge* bezeugt wird, war die Begegnung zwischen Celan und Adorno eine verfehlte Begegnung.[17] Dies wird auch durch den privaten Briefwechsel bestätigt, der 2003 veröffentlicht worden ist.[18] Celan vertiefte sich intensiv in Adornos Werk. Und seinerseits erwartete er von Adorno, dass dieser das Neue an seiner Sprache erfasse. Er erwartete von ihm das endgültige Buch über seine Dichtung – ein Buch, das Adorno niemals schrieb. Wie hätte er es auch können? Adorno blieb Celans Dichtung immer fremd, wie die ganz kurzen Notizen auf seinem Exemplar von *Sprachgitter* zeigen.[19] Weder nahm er die zahlreichen Solidaritätsbekundungen an, die der Dichter ihm zukommen ließ, noch ahnte er sein Leiden; er sah das Potential jener hermetischen Poesie in deren bloßer Negativität, verstand ihre politische Berufung, ihre Wende nicht, die auch die Umkehrung seines eigenen Verbots war, wie Szondi hervorhob.[20]

Nicht nur als enttäuschend, sondern auch als leer erwies sich Celans Verhältnis zu Adorno. Dies klingt in den Versen eines Gedichts nach, das im Januar 1965 geschrieben wurde: *Mutter, Mutter.*

---

[16] Theodor Wiesengrund Adorno, Kulturkritik und Gesellschaft, in: Gesammelte Schriften Band 10/1, hrsg. von Rolf Tiedemann, Frankfurt am Main 1977, 11–30, hier 30.
[17] Vgl. Paul Celan, Gespräch im Gebirge, in: Gesammelte Werke (im Folgenden: GW) Band 3, 169–173.
[18] Vgl. Theodor Wiesengrund Adorno/Paul Celan, Briefwechsel 1960–1968, in: Frankfurter Adorno-Blätter, hrsg. von Joachim Seng, München 2003, 177–200.
[19] Vgl. Adorno/Celan, Briefwechsel 1960–1968, 184.
[20] Vgl. Peter Szondi, Celan-Studien, Frankfurt am Main 1972, 384.

Adorno tritt unter denjenigen auf, die dich „vor die Messer schreiben"; die neuen Angreifer schreiben „in der neu und gerecht zu verteilenden Un-menschlichkeit Namen", und sie schreiben „nicht ab-, nein wiesen-gründig".[21]

6.

Was konnte andererseits Celan mit demjenigen gemeinsam haben, der den unglücklichen *Jargon der Eigentlichkeit* verfasst hatte? Gerade das, was ihn von Adorno trennte, rückte ihn in Heideggers Nähe: die Sprache. Wie soll man das Unsagbare sagen? Dies war – und ist – die Frage nach Auschwitz. Wie soll man, was geschah, sagen, ohne dabei in eine banalisierende Sublimation zu fallen, aber auch ohne es in die vernichtende Mystik des Schweigens zu verbannen? Wenn die Sprache im Schweigen gründet, hätte Celan nur auf Heideggers Weg zur Sprache die Möglichkeit gefunden, nicht zu verstummen, aus der Enge herauszugehen, Auschwitz zu sagen. Epochal ist gerade dies: dass die von Heidegger gedachte und erdachte Sprache Celan den Durchgang, die Öffnung, den Auszug erschlossen hat. Der Schritt zurück des Philosophen hat den Schritt hinüber des Dichters erlaubt.

Celans Ringen mit dem Deutschen, um das Deutsche, sein Abstieg in die Todessprache, um das Wort, das unvordenkliche Echo der Mutter, wieder ans Licht zu bringen, erfolgte zum großen Teil – wie es jetzt offenkundig wird – durch seine intensive, leidenschaftliche und mühselige Lektüre von Heideggers Texten. In seiner hinterlassenen Bibliothek zählt man sogar 33 Bände des Philosophen, alle dicht mit Anmerkungen versehen. Wahrscheinlich hörte er von Heidegger zum ersten Mal durch Ingeborg Bachmann, als er 1948 nach Wien kam.[22] Doch ihn zu lesen, begann er erst ab 1951: zunächst den *Feldweg*, dann auf kontinuierliche Weise *Sein und Zeit* und *Vom Wesen des Grundes*. Eine bedeutende Rolle spielten jedoch die *Holzwege*, *Was heißt Denken?*, die *Einführung zur Metaphysik*, die *Erläuterungen zu Hölderlins Dichtung* sowie die in *Unterwegs*

---

[21] Paul Celan, Mutter, Mutter, GW 7, Frankfurt am Main 2000, 104.
[22] Vgl. Ingeborg Bachmann, Die kritische Aufnahme der Existentialphilosophie Martin Heideggers (Dissertation Wien 1949), hrsg. von Robert Pichl, München 1985.

zur Sprache enthaltenen Aufsätze. Für Celan, der im Exil in der Muttersprache lebte, dessen Deutsch – so bemerkt ein *native speaker* wie Christoph Schwerin – die Spuren einer archaischen Fremdheit verriet, bedeutete Heidegger zu lesen den eigenen Wortschatz wieder aufbauen. Dies, indem er dessen Erneuerungen folgte, und zwar nicht so sehr den Neologismen, als jener Art, die Wörter zu synkopieren und sie durch ein *trait d'union* zu unterbrechen – eine nur scheinbare Gewalt gegen die Sprache, eigentlich eine kreative Weise, um die Wörter von ihrem instrumentellen Gebrauch zu ihrer verborgenen Etymologie zurückzuführen.[23] Kühn ist nämlich der Umgang des Dichters mit der Sprache, denn er ist „der *Gewalttätige*, der Schaffende, der in das Un-gesagte ausrückt, in das Ungedachte einbricht, der das Ungeschehene erzwingt".[24] Celan entging nicht, wie Heidegger das Deutsche umwälzte, und er nahm sich seinerseits vor, mit Heidegger das Deutsch Heideggers umzuwälzen. Es ging also nicht nur um Vokabeln, die dennoch in das Gewebe seiner Dichtung eingetreten sind; vielmehr ging es um den Bindestrich, Strich der Verbindung und der Trennung, der Raum für ein Zwischen machte, eine Zäsur mit sich brachte, ein neues Verhältnis zur Sprache ankündigte. Und zunächst wäre dem Dichter zugekommen, der Sprache zu entsprechen, weil diese ursprünglich Dichtung im wesentlichen Sinne ist.

7.

Im April 1934 beginnt Heidegger, der gerade als Rektor zurückgetreten ist, die Vorlesung des Sommersemesters mit einem neuen Thema: *Logik als die Frage nach dem Wesen der Sprache*. Handelt es sich um eine Kursänderung von seinem politischen Engagement zu einer Sprachphilosophie, die ihre Aufmerksamkeit auf die Suggestionen der Dichtung richtet? Der Titel des letzten Abschnitts lautet „Die Dichtung als ursprüngliche Sprache".[25] Nicht die Aktualität interessiert jetzt Heidegger; die Dimension der Gegenwart wird vielmehr durch die Sprache des Dichters überschritten, die nie „heutige,

---

[23] Vgl. Christoph Schwerin, Als sei nichts gewesen: Erinnerungen, Berlin 1997, 203.
[24] Heidegger, Einführung in die Metaphysik, GA 40, 170.
[25] Heidegger, Logik als die Frage nach dem Wesen der Sprache, GA 38, 170.

Übersetzen aus dem Schweigen

sondern immer schon-gewesene und künftige" ist.[26] Der Dichter ist immer „Außer-Ort"; er ist gewesene Zukunft und zukünftige Gewesenheit. Dass Hölderlin der Dichter ist, tritt in der Vorlesung des darauf folgenden Semesters ans Licht, die den Hymnen *Germanien* und *Der Rhein* gewidmet ist. Die Heimat, der Ursprung, der Anfang inspirieren seine Auslegung. Heidegger will aber nicht Hölderlin aktualisieren; seine Absicht ist das Gegenteil: „Maßeinheit" wird der Dichter sein.[27]

Weshalb wird die „Maßeinheit" im Dichter gesucht? Und wieso sogar in einem visionären, entwaffneten Dichter, der im öffentlichen wie auch im privaten Leben ein Versager ist – ein *Wahnsinniger*? An der Maßeinheit des „Dichters der Dichter" festhalten heißt Suche nach einer neuen, bahnbrechenden und utopischen Zukunft, die sich bei einem „Vergehen, das ein Entstehen" ist, ereignet.[28] Deshalb hält sich der Dichter an der Grenze auf, an dem Ort Vergangenheit-Zukunft, der auch ein Nicht-Ort ist, in jener dürftigen Zeit zwischen einem Nichtmehr und einem Nochnicht, das die neue Zeit vorwegnehmend ankündigt, im „Zwischen" also, das heißt in dem immer exzentrischen Zentrum, an dem er sich der fürchterlichen und schöpferischen Auseinandersetzung mit dem Anderen öffnet. Eben darum ist Hölderlin als Symbol eines weiblichen und pazifistischen Deutschlands nicht ein „Spätling", sondern ein „Frühling".[29]

Im Zwischen entscheidet sich die Möglichkeit des Wesens der Dinge und des Daseins des Menschen, dessen ‚dichterischen Wohnens'.[30] Der Dichter also stiftet das, was bleibt. Und sein Stiften ist ein Nennen, ein wartendes Rufen danach, dass das Gesagte ankomme. Deshalb sind die Dichter die „Künftigen".[31] In immer entschiedenerer Weise macht Heidegger in dem dichterischen Wort den eigentlichen Ort des menschlichen Wohnens aus; dabei zeigt er auch dessen aporetischen und paradoxen Charakter auf. Mehr als ein Wohnsitz ist es eine flüchtige „Weile", und das Wohnen ist ein Wan-

---

26 Heidegger, Logik als die Frage nach dem Wesen der Sprache, GA 38, 170.
27 Heidegger, Hölderlins Hymnen „Germanien" und „Der Rhein", GA 39, 4.
28 Hölderlin, Das Werden im Vergehen, 283. Heidegger, Hölderlins Hymnen „Germanien" und „Der Rhein", GA 39, 123.
29 Heidegger, Hölderlins Hymnen „Germanien" und „Der Rhein", GA 39, 219.
30 Vgl. Heidegger, Hölderlins Hymne „Der Ister", GA 53, 201–202.
31 Heidegger, Erläuterungen zu Hölderlins Dichtung, GA 4, 69.

dern.³² Im Sommer 1942 hält Heidegger einen Kurs über Hölderlins Hymne *Der Ister*. Das Thema ist die Katastrophe des Europäers. Aber warum ruft er die Donau mit ihrem griechischen Namen Istros? Damit zielt er auf ihren Unterlauf, auf das Delta am „Pontos", am Schwarzen Meer, das auch in der Antike ein exzentrisches Meer war; und er möchte durch den Balkan auf die Mündung als den Ursprung eines neuen Anfangs, nicht mehr des klassischen griechischen, sondern eines „anderen" Anfangs hinweisen.³³ Als diese Rückfahrt ist der Fluss der dichterische Ort der Geschichtlichkeit des Menschen. Weder das *Blut* noch der *Boden* der nationalsozialistischen Ideologie, sondern das Wasser, das Fließen des Stroms, erschließt den Übergang, der immer auch Wanderschaft ist, legt das unheimliche Heimischwerden des Menschen auf der Erde offen. Der Strom ist die von Hölderlin gesungene Wanderung, das Fort- und Weitergehen zum exzentrischen Ort der wandernden Begegnung mit dem Anderen.³⁴

8.

Man versteht, warum Hölderlins „Cäsur", die gegenrhythmische Unterbrechung, die die Möglichkeit selbst der Dichtung ausmacht, das unerlässliche *trait d'union* von Heideggers „Zwischen" und Celans „Atemwende" darstellt. Hyperions Unruhe ist das Bewusstsein darüber, dass das Dasein dazu bestimmt ist, eine „exzentrische Bahn" zu durchlaufen, und dass trotzdem nur hierbei sich die Vorahnung des Andersseins eröffnet.³⁵ Als er von der exzentrischen Bahn sprach, dachte Hölderlin – in einem astronomischen Sinn – an eine elliptische Bewegung wie die der Planeten; die Ellipse ist das dichterische Sich-Dezentrieren des Ichs bei seinem Austritt zum Anderen. Von einer Wiederaufnahme der Ellipse wird Celan im *Meridian* reden.

---

[32] Vgl. Heidegger, Hölderlins Hymne „Der Ister", GA 53, 23.
[33] Heidegger, Hölderlins Hymne „Der Ister", GA 53, 180–182.
[34] Vgl. Heidegger, Hölderlins Hymne „Der Ister", GA 53, 150; vgl. auch 35, 53 und 143.
[35] Das Thema der Zäsur taucht bei Hölderlin schon sehr früh auf und geht durch sein ganzes Werk hindurch. Vgl. Hölderlin, Anmerkungen zum Oedipus, in: Sämtliche Werke, Frankfurter Ausgabe (im Folgenden: FHA), hrsg. von Dietrich E. Sattler, Band 16, 247–258; Anmerkungen zur Antigonä, FHA 16, 409–421; ferner Hölderlin, Hyperion oder der Eremit in Griechenland, FHA 11.

Übersetzen aus dem Schweigen 27

Im Januar 1961 schreibt Celan das Gedicht, das Hölderlin gewidmet ist: *Tübingen, Jänner*.³⁶ Während sich Hölderlins Hymne *Der Rhein* im Hintergrund abhebt und sich die im Neckar „schwimmenden" Türme erblicken lassen, verbinden sich Zweifel an der Möglichkeit, die Wahrheit zu sagen, mit der Überzeugung, dass die Dichtung, vor allem wenn sie eine prophetische Berufung hat, zu stammeln verurteilt ist. „Pallaksch. Pallaksch": der letzte Vers schließt mit diesem Wort, das Hölderlin in seinen letzten Jahren wiederholte und das nichts oder besser manchmal „Ja" und manchmal „Nein" bedeutete. Doch *Pallaksch* ist gewiss auch das Wort eines Europas, das noch nichts sagt und noch nicht entscheidet gegenüber dem, „was geschah".

Wie für Hölderlin so ist auch für Celan das Sprechen in seiner ersten, dichterischen Art eine lallende Kindheit der Sprache. Der Dichter stammelt und ahmt dabei das Gestammel der Anderen nach. Was heißt aber erste Art? Und wer sind die „Anderen"?

9.

In seiner Lektüre von *Sein und Zeit* hatte sich Celan viele Wörter vermerkt. Aufgefallen war ihm das Wort „Verlautbarung": „Im konkreten Vollzug hat das Reden den Charakter des Sprechens, der stimmlichen Verlautbarung in Worten".³⁷ Celan hatte also unter den vielen Verwandtschaften, die ihn mit dem Philosophen verbanden, dessen Streben erkannt, auf den Ursprung der Sprache als Dichtung zurückzugehen. Dieser Ursprung schien jedoch in den Abgrund des Schweigens zu versinken. Wie sollte man dann den Abgrund überschreiten, das Schweigen verlautbaren, das Röcheln artikulieren, in dem die Opfer drohten, für immer zu ersticken?

Es ging also nicht darum, auf einen Ursprung, sondern auf eine Zäsur beziehungsweise auf eine Wunde zurückzugehen und von dort wieder anzusetzen, oder besser von da oben, von dem Abgrund des Himmels, vom Luftgraben her. „Es hat sich die Erde gefaltet hier oben, hat sich gefaltet einmal und zweimal und dreimal, und hat sich aufgetan in der Mitte", schreibt Celan im *Gespräch im*

---

36 Celan, Tübingen, Jänner, GW 1, 226.
37 Heidegger, Sein und Zeit, GA 2, 44. Später begegnete Celan demselben wichtigen Wort wieder: vgl. Heidegger, Was heißt Denken?, GA 8, 225.

Gebirge.³⁸ Und das ist die Falte, der Schnitt, dem die Dichtung nach Auschwitz entspringen muss. Dem Dichter gebietet sich zunächst eine akrobatische Umkehrung: „wer auf dem Kopf geht, der hat den Himmel als Abgrund unter sich".³⁹ Die Akrobatik genügt aber nicht. *Hörst Du?* – wiederholt auf obsessive Weise der Jude Klein, der mit seinem Stock bis dorthin schleicht, wo es still ist und wo auch der Stein schweigt. *Hörst Du?* – eine Frage, eine Aufforderung und Mahnung, ein Verweis auf das jüdische Gebet *Sch^ema Israel*.

Das Schweigen darf nicht und muss auch nicht dauern. Schweigen und Judentum sind miteinander unvereinbar. Celan kannte sowohl das Werk von Benjamin als auch die schönen Seiten von Rosenzweigs *Stern der Erlösung* über den Zusammenhang zwischen dem Tragischen, dem Schweigen und dem Heidentum. Das Schweigen ist im Tragischen verwurzelt, in jener ganz griechischen Dimension des Helden, der, allein und aufständisch, an der unüberwindlichen Mauer seiner eigensinnigen Einsamkeit scheitert, ohne den Ausweg des Anderen und des Worts des Anderen zu finden.⁴⁰

Das Schweigen hat für Celan, anders als für Heidegger, keinen positiven Nachklang; vielmehr ist es eine „Tracht".⁴¹ Das Wort ist immer ein „er-schwiegenes" Wort.⁴² Deshalb ist das Schweigen ein „Stoß": „Der Schweigestoss gegen dich, / die Schweigestöße".⁴³ Das Sprechen ist auch in einer rein phänomenologischen Hinsicht ein Sprechen „in die Stille",⁴⁴ welches das Schweigen bricht, einschneidet, öffnet. Stumm wie die Toten, die er im Sinne des Judentums schützt, spricht dennoch der Stein zu demjenigen, der ihm zuhören kann, zu dem Stock, der hörend das Schweigen skandiert und rhythmisiert. Das Wort der Dichtung ist also ein „Gegen-Wort" gegen diejenigen, die verneinen oder verschweigen. Dieses Wort trägt in sich die Wunde, aus der es ausgebrochen ist, indem es das erstickte Stammeln wieder artikuliert und das Röcheln wie eine Wunde in die deutsche Sprache einschreibt.

---

[38] Celan, Gespräch im Gebirge, GW 3, 170–171.
[39] Celan, Meridian, GW 3, 195.
[40] Vgl. Franz Rosenzweig, Stern der Erlösung, Frankfurt am Main 1988, 80–90.
[41] Celan, Unten, GW 1, 157.
[42] Celan, Argumentum e silentio, GW 1, 138–139.
[43] Celan, Der Schweigestoss, GW 2, 219.
[44] Celan, Köln, Am Hof, GW 1, 177.

Übersetzen aus dem Schweigen

10.

Wenn es aber so ist, dann kommt dem Dichter keine ursprüngliche Kreativität zu. Hat es überhaupt noch einen Sinn, von Ursprünglichkeit zu reden? Denn der Dichter trägt das Un-Sagbare und Un-Gesagte hinüber. Seine Arbeit ist eine Arbeit von Ufer zu Ufer. „Oder ist die Sage der Strom der Stille, der selbst seine Ufer, das Sagen und unser Nachsagen, verbindet, indem er sie bildet?" – so fragt sich Heidegger in *Unterwegs zur Sprache*.[45] Indem er sich auf diese Stelle, in welcher der Strom wieder auftritt, in seinem Gedicht *Von Dunkel zu Dunkel* (1954) beruft, nennt Celan den Dichter einen „Fergen".[46] Dieser Fergendienst macht aus Dichten mehr ein Über-Setzen als ein Schöpfen. Damit wird der Akzent auf die „Rezeptivität" des Dichter-Übersetzers beziehungsweise des Übersetzer-Dichters gelegt. Celan war beides. Und wir wissen, dass er auf seine Übersetzungen nicht weniger als auf seine Gedichte hielt. Doch gerade während die Nähe zwischen Dichten und Übersetzen hervortritt, entfernt sich Celan von Heidegger und von einem seiner Schlüsselworte: „Entsprechen". In seinen *Vorträgen und Aufsätzen* schreibt Heidegger: „Das Entsprechen aber, worin der Mensch eigentlich auf den Zuspruch der Sprache hört, ist jenes Sagen, das im Element des Dichters spricht".[47] Indessen behauptet Celan deutlich, dass die Sprache seines Gedichts weder ursprünglichere Sprache noch Entsprechung ist. Er betont es offen im *Meridian*, wo „Entsprechung" in Anführungszeichen erscheint.[48] Warum?

Celan möchte von einer bloßen Entsprechung sein Gegen-Wort unterscheiden, das das Lautlose übersetzt, um es dem Verschwiegenen entgegenzusetzen und dadurch über das Schweigen hinauszugehen.[49] Das Gegenwort entspringt einem „Akt der Freiheit", der sowohl individuell und individualisiert als auch für den Anderen und die Freiheit des Anderen vollzogen ist.[50] So wird verständlich, warum seine Haltung eher die des Übersetzers als die des Dichters ist – in der Art, in der Benjamin beide Figuren aufgefasst hatte. In-

---

[45] Heidegger, Der Weg zur Sprache, GA 12, 244.
[46] Celan, Von Dunkel zu Dunkel, GW 1, 97.
[47] Heidegger, „… dichterisch wohnet der Mensch …", GA 7, 194.
[48] Celan, Meridian, GW 3, 197.
[49] Vgl. Heidegger, Der Satz vom Grund, GA 10, 75.
[50] Celan, Meridian, GW 3, 189–190.

dem er sich selbst übersetzt, lindert der Dichter die tiefe „Traurigkeit" der Natur über ihre Stummheit; seine Intention ist eine „naive, erste, anschauliche", dem Ursprung zugewandt. Der Übersetzer hingegen, indem er sich selbst übersetzt, übersetzt auch den Anderen; seine Intention ist eine „abgeleitete, letzte, ideenhaft", dem Ende zugewandt.[51] Die Arbeit des Fergen ist eine messianische. Denn Übersetzen ist Erlösen.

11.

In der jüdischen Tradition enthüllt der Name sowohl das Wesen dessen, der ihn trägt, als auch seine Aufgabe. Der jüdische Name Celans ist Pesach – Paul Pesach Antschel. Und der Name bedeutet *Übergang, Vorübergehen*.

Angesichts dessen, was „geschehen ist", angesichts der „Majestät des Absurden", könnte das dichterische Wort zum Verstummen neigen.[52] In *Engführung* – so lautet der Titel des letzten Gedichts von *Sprachgitter* – befindet sich das Wort auf der Grenze zwischen der Gefahr, am Ort der Vernichtung vernichtet zu schweigen, und der Wende jenes Atems, der der Enge des Ortes singend entkommen konnte.[53] *Enge* hat eine etymologische Verwandtschaft mit *Angst,* auf Hebräisch *mezer,* woraus *mizrajim* gebildet ist, das *Ägypten* bedeutet. Der Titel von Celans Gedicht *In Ägypten* ist die Übersetzung des hebräischen *bᵉmitzrajim,* das heißt: *an dem Ort der Bedrängnis, der Enge, der Angst, des Exils*.[54] Der *Passatwind,* der während des jüdischen Festes von Pesach weht, eröffnet den Auszug, den Exodus, die Befreiung.

Die Mühe der Dichtung um einen Durchlass durch die von Stimmen eröffneten Wege wird durch den Übergang vom *Schon-nicht-mehr* zum *Immer-noch* bezeichnet.[55] So ist die Dichtung dieser Übergang vom Verzicht des Schweigens zur messianischen Kühnheit der Sprache.

---

51 Walter Benjamin, Über die Sprache überhaupt und über die Sprache des Menschen, in: Gesammelte Schriften (im Folgenden: GS) Band II/1, 24; vgl. auch Benjamin, Die Aufgabe des Übersetzers, GS Band IV/1, 16.
52 Celan, Meridian, GW 3, 189–190 und 197.
53 Vgl. Celan, Engführung, GW 1, 197–204.
54 Celan, In Ägypten, GW 1, 46.
55 Vgl. Celan, Meridian, GW 3, 197.

Der Auszug wäre aber ohne den Anderen nicht möglich. Der beinah abgeklungene Atem hat in dem Keuchen des Immer-noch Wort für den Anderen und des Anderen. Das Ich ist dank dem Du, mit dem Du schon immer über sich hinaus: im gemeinsamen Wort. Bei dieser exzentrischen Bahn geht die Dichtung aus der Unterbrechung, aus der Wende des Atems hervor – zwischen Auszug und Verheißung. Der Dichter, der sich selbst, seine Souveränität vergessen hat, der entfremdet und daher befreit ist, gibt dem Anderen das von ihm entliehene Wort, lässt es für den Anderen reden. Das dem Anderen überlassene Wort ist das versprochene Wort.

Wie kann aber das dichterische Wort, das dem individuellen Sprechen entspringt, eine Freiheitsversprechung für den Anderen sein? Die Antwort liegt in dem, was Celan „Zeltwort" nennt.[56] Die von der Dichtung angebotene Zuflucht ist also kein Haus mehr, sondern nur ein Zelt. Der Mensch ist für Celan in der Entwurzelung der planetarischen Technik *zeltlos*.[57] Dem Offenen auf die unheimlichste Weise ausgesetzt wendet er sich zur Sprache auf der Suche nach einem schützenden Ort. In der Tora ist „Zelt" nicht irgendein Wort. Es ist zunächst das „Zelt der Versammlung", *ohel mo'ed,* das Allerheiligste, das die Juden in ihrer Wanderung durch die Wüste mit sich tragen, es ist der Ort, an dem Gott sich offenbart und sein Volk zur Begegnung einlädt. Bei Celan ist das Zelt all dies. Es ist die Wanderung und das Gebot der Wanderung. Gebaut auf Sand, schwankend und provisorisch, ist das Zelt die einzige Zuflucht für die Heimatlosen, die Verbannten, für die „Zeltmacher".[58] Das Zelt ist „worthäutig", aus Wörtern gemacht, die durch viele Wüsten und durch die Geschichte von vielen Wüsten gegangen sind. Das Zeltwort ist das Wort, das von dem Anderen kommt und das, in seiner Fremdheit, in sich schon ein *dia-* enthält, die Öffnung eines Durchgangs, der schon den Dialog erschließt. So ist das Wort durch das Eigene und das Fremde gewebt und darum ist es das Zelt der Begegnung.

Aber in der jüdischen Landschaft Celans, in der man nicht immer unterwegs sein kann, da ein Anderer zur Begegnung auf uns wartet, gibt es auch keinen zurückzugewinnenden Ursprung – und Tschernowitz in der Bukowina ist für immer vertilgt worden. Wenn es keine Heimkunft mehr gibt, da auch kein Heim mehr existiert,

---

[56] Celan, Anabasis, GW 1, 258.
[57] Vgl. Celan, Ansprache beim Bremer Literaturpreis 1958, GW 3, 186.
[58] Celan, In der Luft, GW 1, 290.

dann wird es „eine Art Heimkehr" geben.[59] Der Meridian deutet auf den utopischen Ort der Poesie. Die Vertilgung des Ursprungsorts drängt zur Suche nach einem Ort, den es noch nicht gibt, nach dem utopischen Ort der Zukunft. Die radikale Heimatlosigkeit wird zur Bedingung einer neuen Freiheit. Denn die Freiheit, die aus der sie fixierenden Mitte entbunden ist, stimmt mit einem Ort überein, der unvordenklich und folglich auch immer in dem Über einer Zukunft ist. Die Unmöglichkeit, das zu finden, was man sucht, kehrt sich in die Möglichkeit um, dem zu begegnen, das man nicht sucht: der „unmögliche Weg" wird zum „Weg des Unmöglichen".

Der Ort, den es nicht mehr und noch nicht gibt, wird immer noch sein – nicht der Ort des Ursprungs, sondern der Ort der Verheißung. Weder die Erde noch ein Punkt auf der Erde, sondern das Wort. Das Zeltwort der Begegnung wird, in seinem „Geheimnis", der Ort jener „Art Heimkehr" sein.

12.

Fasziniert war Heidegger von Celans Atemwende, von seiner Art, die Dichtung als Wende beziehungsweise als jenen „Aufbruch" zu verstehen, über den er sich so getäuscht hatte, um ihn später in der umwälzenden und subversiven Figur Hölderlins zu sehen, in dem Dichter der versagten Revolution, der die Schwelle des Wahns überschritten hatte. Der Wahnsinnige, das heißt Heideggers etymologischer Erläuterung zufolge der „Abgeschiedene", ist derjenige, der nicht nur so wie kein Anderer sinnt, sondern auch deswegen sinnt, weil er fortgeht, weil er sich wie ein Fremder auf den Weg zu einem anderen Ort macht, zu einem Ort, der fern von der „technisch-ökonomischen Welt" liegt, von der die „Chronisten der Aktualität" berichten.[60]

Was bedeutete aber Celan für Heidegger? Aus den Zeugnissen und Dokumenten, die wir bis jetzt besitzen, wissen wir, dass zuerst Heidegger 1956 Kontakt mit dem Dichter suchte, dass er ihn las, eingehend studierte und hoch schätzte.[61] Auch unter einem menschli-

---

[59] Celan, Meridian, GW 3, 201.
[60] Heidegger, Unterwegs zur Sprache, GA 12, 49.
[61] Heidegger schickte Celan ein Exemplar des Gesprächs mit Hebel beim „Schatzkästlein" zum Hebeltag 1956 mit der Widmung: „Für Paul Celan –

Übersetzen aus dem Schweigen

chen Gesichtspunkt war seine Haltung Celan gegenüber durch Aufmerksamkeit und Sorge geprägt.

Zwiespältig war hingegen Celans Beziehung zu dem Philosophen; anders wäre es vielleicht auch nicht möglich gewesen. Doch Celan verstand etwas bei Heidegger nicht, etwas, das ihn irritierte und enttäuschte. Celan wünschte um jeden Preis, dass Heidegger spreche, das Wort öffentlich ergreife, um sowohl seinen unverzeihlichen Irrtum zuzugeben als auch den neuen Nazismus und den neuen Antisemitismus anzuzeigen. Gerade er, Heidegger, hätte dies tun sollen; gerade er, Celan, hätte ihn dazu veranlassen können. Heideggers Schweigen quälte ihn. Er verstand es nicht, das Schweigen, das – wie es jetzt bezeugt ist – nicht zwischen ihnen in Todtnauberg oder bei den darauf folgenden Treffen in Freiburg herrschte, sondern den Anderen gegenüber.

Als er den *Meridian* las, notierte Heidegger am Rand da, wo Celan von „Entsprechen" Abstand nimmt, „Ent-sagen" mit einem Bindestrich.[62] Es sieht so aus, als wäre es eine von seinen Randbemerkungen, die, trotz alledem, den Einklang mit dem Dichter betonen möchten. Aber „Ent-sagen" bedeutet mehr. Von seinem entschiedenen Schweigen ausgehend will Heidegger nicht verschweigen, sondern eher ent-sagen, nicht auf das Sagen verzichten, sondern das Wort dem Dichter lassen. Hatte Celan Zuflucht in dem von Heidegger entliehenen Wort, so hätte auch Heidegger in Celans Wort Zuflucht gefunden. Eine Übergangszuflucht übrigens, da das Wort nomadisch ist. Doch es ist immer noch ein versprochenes Wort, das Versprechen eines Wortes, das dem Anderen gelassen wird, das die Zu-kunft des Anderen zulässt. Kurzum: Celan wartete auf ein „kommendes Wort" von Heidegger.[63] Aber Heidegger wusste, dass „das Kommende" dem Dichter zukam. Ent-sagen hieß für ihn soviel als zu sagen: „Sprich auch Du / sprich als letzter / sag deinen Spruch".[64] Als ob er ihm gesagt hätte: Übersetze mich, wenn Übersetzen Erlösen ist.

---

mit herzlichem Dank und Gruß." (Heidegger, Gespräch mit Hebel beim „Schatzkästlein" zum Hebeltag 1956, GA 16, 534)
[62] Vgl. dazu James K. Lyon, Paul Celan and Martin Heidegger. An Unresolved Conversation, 1951–1970, Baltimore, MD 2006, 149–159.
[63] Es sind die Worte, die Celan in Heideggers Hüttenbuch schrieb: „Ins Hüttenbuch, mit dem Blick auf den Brunnenstern, mit einer Hoffnung auf ein kommendes Wort im Herzen. Am 25. Juli 1967 / Paul Celan". Vgl. Otto Pöggeler, Spur des Wortes. Zur Lyrik Paul Celans, München 1986, 259.
[64] Celan, Sprich auch Du, GW 1, 135.

Auf der anderen Seite blieb Celans jüdische Landschaft für Heidegger unerforscht.[65] Daher die nicht selten eingeräumten Schwierigkeiten bei seiner Auslegung des Dichters. Dessen war sich Celan bewusst. Er zeigt es in dem Gedicht *Largo,* das in *Schneepart* erschien, wo er von „heidegängerisch Nahe" spricht und dabei deutlich sowohl auf Heidegger als auch auf den Heiden verweist.[66] Deshalb hatte er kräftig die Frage hervorgehoben, der er in den *Holzwegen* begegnet war: „In welche Sprache setzt das Abend-Land über?"[67]

Zwischen dem Nichtmehr der entflohenen Götter und dem Nochnicht des Kommenden steht Hölderlin als dem „Dichter des Übergangs" die Aufgabe zu, das Heilige für die Moderne erneut zu erschließen.[68] Zwar öffnet sich Heidegger, mit der Hinwendung zu Hölderlin, zu einem neuen und komplexen Verhältnis des Eigenen und des Fremden; doch die Zäsur, aus der das Heilige hervorgehen soll, bleibt fest auf griechischem Boden, wobei das Heilige nicht als das Erscheinen eines neuen Gottes, vielmehr nur als die sprachliche Öffnung für seine mögliche Ankunft gemeint ist. Wenn der neue Anfang nicht mehr griechisch wie früher ist, wie der *Ister* belegt, sondern sich als ein anderer Anfang erweist, ist er aber nicht der Anfang des Anderen, des Anderen des Judentums. Das Abend-Land setzt nicht in das Hebräische über – auch nicht in das Hebräische, das Celans Gedichte übersät. Gewiss hatte Celan auch das geahnt: die verblüffende Konvergenz zwischen Heideggers Auseinandersetzung mit Hölderlin und den großen Themen des jüdischen Denkens. Doch er wusste auch, was er zwischen dem Nichtmehr und dem Nochnicht vermisste: sein messianisches „Immer-noch".[69]

Es ist dieses Immer-noch, das Celan zum Dichter einer zu-kommenden Gemeinschaft macht, die durch das Eingedenken gestiftet wird, das das Gewesene andenkt, das es verändert und wiederherstellt. Eingedenken ist ein Denken in eins mit den Besiegten, in dem Unisono eines messianisch übersetzten und zurückgegeben Wortes, sei es auch in dem einschneidenden Schweigen, das im Text bezeugt wird.

---

[65] Vgl. Anja Lemke, Konstellation ohne Sterne. Zur poetischen und geschichtlichen Zäsur bei Martin Heidegger und Paul Celan, München 2002, 547–559.
[66] Celan, Largo, GW 2, 356.
[67] Heidegger, Holzwege, GA 5, 371.
[68] Heidegger, Erläuterungen zu Hölderlins Dichtung, GA 4, 47.
[69] Celan, Der Meridian, GW 3, 197.

Dennis J. Schmidt

Von der Wahrheit sprechen: Homer, Platon und Heidegger*

Auf einem Treffen der Heidegger-Gesellschaft formulierte Franco Volpi jene Frage, die für ihn Heideggers Aristotelesinterpretation leitete: „Wie kann man die Grundbewegtheit des Lebens, die κίνησις τοῦ βίου, philosophisch adäquat beschreiben, ohne dieses zu zergliedern und ohne seine ursprünglichen Züge und seine Dynamik zu verzerren? Läßt sich seine ontologische Verfaßtheit, seine einheitliche Seinsweise auf den Begriff bringen, also rein ‚formal anzeigen', ohne an ihrem konkreten Gehalt und ihrer innerweltlichen Semantik haften zu bleiben?"[1] Ich möchte diese Frage aufgreifen, sie jedoch nicht an Heideggers Aristoteleslektüre stellen, sondern fragen, ob die „Lebensbewegtheit" nicht auch Heideggers Interesse an Homer ausmacht. Ich möchte zeigen, dass Heidegger in Homers Sprache einen Weg findet, dieser Grundbewegung des Lebens zu folgen, dieser Bewegung alles Erscheinens, die der weniger beweglichen, begrifflichen Sprache der Philosophie verschlossen bleiben muss. Unsere philosophischen Gewohnheiten – Gewohnheiten, die sich durch die typisch modernen Verständigungsweisen noch verstärken – erlauben keinen Zugang zu dem, was Homer bietet: eine Möglichkeit, von dem Streit zu sprechen, der diese Lebensbewegung ausmacht, dass nämlich das Leben sich in seiner Grundbewegung sowohl zeigt als auch verbirgt. In seiner Wendung zu Homer findet Heidegger eine Möglichkeit, dasjenige zur Sprache zu bringen, das an dieser

---

* Übersetzt von Tobias Keiling.
1 Franco Volpi, „Das ist das Gewissen!" Heidegger interpretiert die Phronesis, in: Michael Steinmann (Hrsg.), Heidegger und die Griechen (= Schriftenreihe der Martin-Heidegger-Gesellschaft, Band 8), Frankfurt am Main 2007, 165–180, hier 168.

Bewegung am schwersten zu sagen ist. Derart die Frage nach der Lebensbewegtheit an Heideggers Auseinandersetzung mit Homer zu stellen erlaubt ebenso, zwei Möglichkeiten anzusprechen, diese Frage selbst anzugehen – die philosophische und die dichterische. Die Frage führt letztlich weit darüber hinaus, nach der Bewegung zwischen Heidegger, einem einzelnen Philosophen, und Homer, einem einzelnen Dichter, zu fragen; sie führt zu der größeren Frage nach dem Verhältnis von Sprache und Wahrheit, der Frage danach, wie die Wahrheit der Grundbewegtheit des Lebens ausgesprochen werden kann.

1.

Heideggers Analyse und seine Argumente für die Forderung, von einer statischen Wahrheitskonzeption, die an das Ideal der Gewissheit gebunden ist, abzurücken und zu einem Verständnis von Wahrheit als ἀλήθεια zu gelangen, sind wohlbekannt.[2] Es besteht die Tendenz, ἀλήθεια als dasjenige zu sehen, was letztlich das Verbergen überwindet, obwohl Heidegger ἀλήθεια als die Bewegung von Entbergen und Verbergen bestimmt. Die Sache ist jedoch wesentlich komplexer und bereits hier kann Homer hilfreich sein. Man tut gut daran, Heideggers Rückgriffe auf Homer zu betrachten, die fast alle mit dem zu tun haben, was am Gedanken der ἀλήθεια am schwersten zu verstehen ist: die Bedeutung und Wichtigkeit des Verbergens und

---

[2] Die beiden wichtigsten Gegenmeinungen haben Paul Friedländer und Bruno Snell vertreten. Snell vertritt eine „subjektivere" Lesart der ἀλήθεια (vgl. Bruno Snell, ΑΛΗΘΕΙΑ, in: Würzburger Jahrbücher für die Altertumswissenschaft. Neue Folge 1 (1975), 1–18). Friedländer hat seine Kritik, die von Homers Gebrauch von ἀλήθεια ausgeht, in vier verschiedenen Versionen vorgebracht, veröffentlicht in den verschiedenen Ausgaben seines *Platon* (Paul Friedländer, Platon, Berlin 1954, zweite Auflage 1958, dritte Auflage 1964, vierte Auflage 1968, jeweils Band 1). Heidegger geht auf diese Kritik (direkt und indirekt) ein in *Hegel und die Griechen* (GA 9) und in *Das Ende der Philosophie und die Aufgabe des Denkens* (GA 14). Für eine sorgfältige Diskussion der Debatte zwischen Friedländer und Heidegger vgl. Robert Bernasconi, The Question of Language in Heidegger's History of Being, New Jersey 1985, 17–23. Aus anderer Perspektive auch Hans-Georg Gadamer, Plato und Heidegger, in: Ute Guzzoni / Bernhard Rang / Ludwig Siep (Hrsg.), Der Idealismus und seine Gegenwart. Festschrift für Werner Marx zum 65. Geburtstag, Hamburg 1976, 166–175.

Von der Wahrheit sprechen 37

die Weise, wie das Verbergen zur Wahrheit gehört.³ Es ist Heideggers Anspruch, nachzuweisen, dass es bei Homer eine Weise gibt, diese Wahrheitsbewegung aufzuzeigen, die die Bedeutung des Verbergens nicht verzerrt, sondern vielmehr die Bedeutung des Verborgenen für diese Bewegung, die die Grundbewegung des Lebens ist, zum Vorschein bringt.

Heidegger wendet sich Homer zu, weil er bei Homer eine Sprache findet, die der Sprache der Philosophie vorausgeht, eine Sprache, die sozusagen jenen Weisen, überhaupt vom Erscheinenden als solchem zu sprechen, näher kommt. Heidegger geht zu Homers Sprache nicht auf Distanz, sondern nähert sich dieser Sprache an, in der er eine Sprechweise hört, die die Begriffssprache nicht erfasst. Seine Homerlektüre ist nicht um Gerechtigkeit, Moralität oder einen didaktischen Zweck bekümmert. Heidegger zieht keine ‚Lehren' aus Homer; vielmehr nimmt er Homer als jemanden, der die verschiedenen Weisen feiert, in denen das Erscheinen geschieht. Heidegger findet bei Homer eine Sprache, die empfindlich ist für jene Wahrheit, die das Erscheinen bestimmt, bevor die Idee das Maß von Wahrheit, bevor etwas außerhalb der Bewegung des Erscheinens die Norm dafür wurde, die Wahrheit des Erscheinens zu sagen. Heidegger suggeriert, Homer könne uns aus unserer philosophisch festgelegten Sprache übersetzen in ein „gedacht und denkend gesagtes Wort".⁴ Das „gedachte und denkend gesagte Wort" zwingt uns, erneut nach dem Wesen des Erscheinens zu fragen; danach zu fragen, wie ein solches Verständnis des Erscheinens und der Lebensbewegtheit uns heute fremd werden konnte.

Ein Beispiel dafür, wie Heidegger erklärt, wie *wir* aus jener Sprache herausübersetzt wurden, die die Lebensbewegtheit auszusprechen vermochte, bietet die folgende Passage. Heidegger weist hier

---

3 Eine Liste einiger Homerinterpretationen in Heideggers Werk (sowie die Angabe der für Heidegger jeweils zentralen Begriffe, wenn solche klar zu erkennen sind): GA 40, 133: Od. XXIV, 106, λέγειν; GA 54, 32: Il. XVIII, 46, τὸ ἀψεῦδος; GA 54, 34: Od. VIII 40 ff./83 ff. ἐλάνθανε/αἴδετο; GA 54, 35: Il. X, 22/227, λανθάνομαι; GA 54, 45: Il. II, 349, ὑπόσχεσις; GA 54, 88: Il. XXII, 118, Od. IX, 348, Od. VI, 303, Od. III, 16, κεύθω/κρύπτω/κακύπτω; Id. XXIII, 244, Ἀϊδι κεύθωμαι; GA 54, 188: Od. I, 1; Il. I, 1; GA 54, 190: Il. XXIII, 358 ff.; GA 79, 161: Od. I, 56, λόγος; GA 5, 316 ff.: Il. I, 68–72, ἐόν/ἐόντα; GA 7, 253 ff.: Od. VIII, 83 ff., ἐλάνθανε/αἴδετο; GA 16, 629: Od. XVI, 161, ἐναργείς.
4 Heidegger, Holzwege, GA 5, 350.

auf das für uns entscheidende Moment hin, das in einer anderen Übersetzung liegt, der Übersetzung nämlich aus dem Griechischen ins Lateinische, in dem „Erscheinen" ganz andere Bedeutung erlangt: „Denken wir zurück zu Homer, der [...] das Anwesen eines Anwesenden in den Bezug zum Licht bringt. Es sei an eine Szene bei der Heimkehr des Odysseus erinnert. Beim Weggang des Eumaios erscheint Athene in der Gestalt einer schönen jungen Frau. Dem Odysseus erscheint die Göttin. Der Sohn Telemachus aber sieht sie nicht, und der Dichter sagt: οὐ γάρ πως πάντεσσι θεοὶ φαίνονται ἐναργεῖς (Od. XVI, 161). ‚Nicht nämlich allen erscheinen die Götter ἐναργεῖς'– man übersetzt dieses Wort mit ‚sichtbar'. Allein, ἀργός heißt glänzend. Was glänzt, leuchtet von sich her. Was so leuchtet, west von sich aus an. Odysseus und Telemach sehen dieselbe Frau. Aber Odysseus vernimmt das Anwesen der Göttin. Die Römer haben später ἐνάργεια, das Von-sich-her-Leuchten, mit evidentia übersetzt; evideri heißt sichtbar werden. Evidenz ist vom Menschen her als dem Sehenden gedacht. Die ἐνάργεια dagegen ist ein Charakter der anwesenden Dinge selbst."[5]

Die lateinische Übersetzung und Aneignung der Weise, in der Homer davon spricht, wie die Dinge erscheinen, verändert deren Sinn also, da es aus dem Geschehen ein Subjektives macht. Wie Heidegger an anderer Stelle festhält: „Für die Griechen erscheinen die Dinge. Für [uns] erscheinen die Dinge mir."[6] Wohlverstanden spricht die Sprache Homers vom Erscheinen, vom Anwesen nicht als ein subjektiv bestimmtes Geschehen, sondern als eine Eigenschaft der Welt. Homer bringt „das Anwesen eines Anwesenden in den Bezug zum Licht", da er diese Anwesenheit als „von-sich-her-Leuchten" versteht. Es ist für uns schwierig, eine solche Weise, von der Welt zu sprechen, zu verstehen; schwierig zu verstehen, dass „für die Griechen die Dinge erscheinen", denn „für [uns] erscheinen die Dinge mir". Wie Heidegger ihn versteht, ist Homers Sprache in der Lage, uns – insoweit die Gewohnheiten unserer eigenen Sprache das erlauben – in eine Erfahrung und in ein Verstehen jener Welt zu versetzen, die durch die Sprache der Philosophie und die Übersetzungen, die die abendländische Kultur geprägt haben, verdeckt wurden. Aber diese Möglichkeit, uns aus einem subjektiven Verständnis der

---

[5] Heidegger, Zur Frage nach der Bestimmung der Sache des Denkens, GA 16, 629.
[6] Martin Heidegger, Vier Seminare, Frankfurt am Main 1977, 67.

‚Logik' des Erscheinens zu versetzen, ist nur der erste Schritt in jene Richtung, in die – Heidegger zufolge – Homer uns führt.

Ich möchte an dieser Stelle ein Beispiel dafür, wie Heidegger Homer so liest, dass diese Lektüre zu einem Verständnis der Bewegtheit des Lebens führen kann, das durch unsere Sprache und unsere Vorurteile verdeckt ist, genauer untersuchen. Jene Stelle ist so wichtig, dass Heidegger sie zweimal und ausführlich kommentiert.[7] Es handelt sich um die Stelle, die die Geschichte erzählt, wie Odysseus den blinden Sänger Demodokus am Hof König Alkinoos' singen hört. Heideggers Interpretation dieser Passage gehört in einen Kontext, in dem er jene Veränderung im Wesen der Wahrheit untersucht, die mit dem Aufkommen der Philosophie in Griechenland beginnt und durch die Übersetzung der philosophischen Begriffe des Griechischen ins Lateinische gefestigt wird. Diese Veränderung, wie Heidegger sie beschreibt, ist ein Verfall, ein Verlust, in dem die ursprüngliche griechische Erfahrung des Reichtums von Wahrheit – eine Erfahrung, die bei Homer erhalten ist – eingeschränkt und letztlich ganz verdunkelt wird. Heidegger sieht diese Veränderung am deutlichsten in der Weise, in der Platon und Aristoteles ψεῦδος, das Heidegger als „Falschheit" und „Lüge" wiedergibt, als philosophischen Gegenbegriff zu ἀλήθεια entwickeln. Vom Standpunkt der Philosophie ist es diese Falschheit, dieses ψεῦδος, gegen das die ἀλήθεια ankämpft und das sie überwinden muss: ψεῦδος steht im Gegensatz zu ἀλήθεια. Heidegger zufolge ist in diesem Gegensatz jene Veränderung im Wesen der Wahrheit am deutlichsten zu erkennen, die mit der Übertragung in die Philosophie geschieht. Doch er behauptet, dass sich bei Homer eine ursprünglichere Weise finden lasse, von demjenigen zu sprechen, das entscheidend dafür ist, die Bewegung der Wahrheit zu verstehen: Als Gegenbewegung zur ἀλήθεια gehört für Homer das λανθάνεσθαι – nicht ψεῦδος – zu dieser Bewegung der Wahrheit. In Homers Weise, jenen Streit herauszustellen, den wir als Lebensbewegtheit begreifen, finden wir, so Heidegger, jene Sprache, die uns von dieser Bewegtheit sprechen lässt, ohne sie zu verzerren oder stillzustellen.[8]

---

7 Vgl. Heidegger, Moira (Parmenides VIII, 34–41), GA 7, 253–257; vgl. auch Heidegger, Parmenides, GA 54, 34–37 und 40–42.
8 Einer der Gründe, die Heidegger dafür anführt, dass ἀλήθεια – ψεῦδος keinen ursprünglichen Konflikt benennt, ist, dass mit ἀλήθεια keine Form mit α-Privativum gebildet werden kann (es handelt sich bereits um eine sol-

Heidegger stellt zwar fest, dass die gewöhnliche Übersetzung von λανθάνεσθαι „vergessen" ist. Aber eilig fügt er an, dass dieses Vergessen kein subjektiver Akt sei, das Versagen eines Einzelnen oder ein Fehler. Es ist ein elementares Vergessen, ganz wie das Vergessen, von dem Heidegger zu Anfang von *Sein und Zeit* spricht, das Vergessen des Seins selbst. Ein solches Vergessen ist kein Irrtum oder Fehler, der überwunden oder korrigiert werden könnte. Vielmehr handelt es sich um ein besonderes „Verbergen", das Heidegger beschreibt, wenn er sagt, man vergesse das Sein nicht, wie man sein Taschenmesser vergisst. Um die tiefste Bedeutung des Wortes λανθάνεσθαι zu erkennen, wendet sich Heidegger jener Passage bei Homer zu, mit der ich mich an dieser Stelle beschäftigen möchte. Genauer noch: Heidegger wendet sich jenem Wort zu, das gebraucht wird, um zu beschreiben, wie Odysseus „im Verborgenen blieb", sein Gesicht von seinem Gewand verhüllt, als Tränen über sein Gesicht rinnen. Das Wort bei Homer, auf das sich Heidegger bezieht, ist ἐλάνθανε; dies sei das Wort, das recht verstanden zu einem Verständnis jenes Streites – des Streites der gegenwendigen Bewegung im Herzen der ursprünglichen Erfahrung der Grundbewegung des Lebens – führe. Doch genau dieses Wort vermag philosophische Begrifflichkeit nicht auszusprechen.

Heidegger bereitet seine Interpretation der Homerpassage vor, indem er daran erinnert, dass Odysseus erst gerade in der Kolonie angekommen ist, nachdem er aus der siebenjährigen Gefangenschaft bei Kalypso befreit worden war. Odysseus wird seinen Gastgebern seine wahre Identität erst noch eröffnen. Demodokos singt die Geschichte des Streites zwischen Odysseus und Achill. Der Gesang weckt Erinnerungen, die Odysseus überwältigen, und die Gefühle, die diese Erinnerungen ins Leben rufen, bringen Odysseus zum Weinen. Um seine Tränen zu verbergen, verhüllt Odysseus sein Gesicht mit seinem Mantel. Diese Geste, zusammen mit der Weise, in der von Odysseus gesagt wird, dass er den anderen verborgen bleibe, bildet das Zentrum der Interpretation Heideggers:

ταῦτ' ἄρ' ἀοιδὸς ἄειδε περικλυτός· αὐτὰρ Ὀδυσσεὺς
Dieses sang der berühmte Demodokos. Aber Odysseus

---

che Form), wohingegen sich aus der Wurzel ψεῦδος eine Privativform bilden lässt: τὸ ἀψεῦδος, „das Unfalsche". Vgl. Heidegger, Parmenides, GA 54, 32: Homer, Il. XVIII, 46.

Von der Wahrheit sprechen

πορφύρεον μέγα φᾶρος ἑλὼν χερσὶ στιβαρῇσι
Faßte mit nervichten Händen den großen purpurnen Mantel,

κὰκ κεφαλῆς εἴρυσσε, κάλυψε δὲ καλὰ πρόσωπα·
Zog ihn über das Haupt, und verhüllte sein herrliches Antlitz;

αἴδετο γὰρ Φαίηκας ὑπ' ὀφρύσι δάκρυα λείβων.
Daß die Phäaken nicht die tränenden Wimpern erblicken.

ἤτοι ὅτε λήξειεν ἀείδων θεῖος ἀοιδός,
Als den Trauergesang der göttliche Sänger geendigt,

δάκρυ' ὀμορξάμενος κεφαλῆς ἄπο φᾶρος ἕλεσκε
Trocknet' er schnell die Tränen, und nahm vom Haupte den Mantel,

καὶ δέπας ἀμφικύπελλον ἑλὼν σπείσασκε θεοῖσιν·
Faßte den doppelten Becher, und goß den Göttern des Weines.

αὐτὰρ ὅτ' ἂψ ἄρχοιτο καὶ ὀτρύνειαν ἀείδειν
Aber da jener von neuem begann, und die edlen Phäaken

Φαιήκων οἱ ἄριστοι, ἐπεὶ τέρποντ' ἐπέεσσιν,
Ihn zum Gesang ermahnten, vergnügt durch die reizenden Lieder;

ἂψ Ὀδυσεὺς κατὰ κρᾶτα καλυψάμενος γοάασκεν.
Hüllt' Odysseus wieder sein Haupt in den Mantel, und traurte.

ἔνθ' ἄλλους μὲν πάντας ἐλάνθανε δάκρυα λείβων,
Allen übrigen Gästen verbarg er die stürzende Träne;[9]

In der Übersetzung Heideggers lautet der letzte Vers:

Da aber vergoß er (Od.) Tränen, ohne daß alle anderen es merkten,

[da aber im Verhältnis zu allen anderen bleib er verborgen als der Tränen Vergießende,][10]

[9] Die Übersetzung folgt dem Text Johann Heinrich Voß'.
[10] Heidegger, Parmenides, GA 54, 34.

Ἀλκίνοος δέ μιν οἶος ἐπεφράσατ' ἠδ' ἐνόησεν
Nur Alkinoos sah aufmerksam die Trauer des Fremdlings,

Heidegger:

Alkinoos nur sah aufmerksam die Trauer.

ἥμενος ἄγχ' αὐτοῦ, βαρὺ δὲ στενάχοντος ἄκουσεν.
Welcher neben ihm saß, und hörte die tiefen Seufzer.[11]

Heidegger schreibt über diese Passage: „In der griechisch gedichteten Szene des in der Verhüllung weinenden Odysseus wird offenkundig, wie der Dichter das Walten des Anwesens erfährt. [...] Anwesen ist das gelichtete Sichverbergen. [...] Sie ist das verhaltene Verborgenbleiben vor dem Nahen des Anwesenden. Sie ist das Bergen des Anwesenden in die unantastbare Nähe des je und je im Kommen Verbleibenden."[12] Doch was ist für dieses Verstecken, dieses Verbergen und Vergessen verantwortlich, das im Herzen dessen liegt, was Homer in einer Weise sagt, die wir nicht verstehen können? Zu Tränen gerührt und voll Scham (αἴδετο)[13] über diese Tränen vor seinen Gastgebern, verhüllt Odysseus seinen Kopf (καλυψάμενος) mit seinem Purpurmantel und versteckt sein schönes Gesicht (κάλυψε δὲ καλὰ πρόσωπα). Als Demodokos seinen Gesang beendet, möchte Odysseus seinen Mantel wieder wegnehmen, seine Tränen trocknen und den Göttern opfern. Doch sobald Demodokos erneut zu singen beginnt, verhüllt Odysseus sein Gesicht von Neuem. In der ganzen Szene bleibt Odysseus „verborgen" (ἐλάνθανε). Um deutlich zu machen, wie wir dieses Wort hören sollen, führt Heidegger eine Parallelstelle bei Homer an.[14] Dort heißt es vom entscheidenden Kampf zwischen Achill und Hektor: ἀνὰ δ' ἥρπασε Παλλὰς Ἀθήνη ἄψ

---

[11] Homer, Odyssee VIII, 83–95.
[12] Heidegger, Vorträge und Aufsätze, GA 7, 255.
[13] Zu dieser Auffassung von „Scham" vgl. Bernard Williams, Shame and Necessity, Berkeley 1993, besonders 78–80. Dort bemerkt Williams „[that] the basic experience connected with shame is that of being seen, inappropriately, by the wrong people, in the wrong condition. It is straightforwardly connected with nakedness. [...] The word *aidoia,* a derivative of *aidos,* ‚shame', is a standard Greek word for the genitals. [...] The reaction is to cover oneself or to hide, and people naturally take steps to avoid situations that call for it."
[14] Vgl. Homer, Ilias XXII.

Von der Wahrheit sprechen

δ' Ἀχιλῆϊ δίδου, λάθε δ' Ἕκτορα ποιμένα λαῶν[15] – Heidegger übersetzt: „Athene blieb vor Hektor verborgen bei (in) ihrem Zurückgeben der Lanze".[16] Heidegger hätte hier hinzufügen können, dass Homer dieselbe Wortwurzel gebraucht, um jenen Trick zu beschreiben, durch den von ihren Brautwerbern „unbemerkt" bleibt, dass Penelope jede Nacht auftrennt, was sie tagsüber gewebt hat.[17] Wir nehmen natürlich an, wenn wir diese Stellen lesen, an denen etwas als „versteckt" beschrieben wird, dass das Verstecken das Ergebnis einer Täuschung desjenigen ist, der verborgen bleibt, oder das Ergebnis einer Unaufmerksamkeit, eines Irrtums oder Fehlers anderer. Doch Heidegger hebt hervor, dass hier keine subjektive Handlung gemeint ist, als wären Odysseus' Tränen, die Lanze Achills oder Penelopes Trick einfach übersehen worden von denen, die nicht aufmerksam genug waren. Heidegger argumentiert klar, dass dieses „Verbergen", dieser ursprüngliche Sinn des „Vergessens" kein Fehler oder Irrtum ist. In diesem Sinn sagt er: „Demgemäß denkt das griechische Erfahren im Falle des Odysseus nicht nach der Hinsicht, daß die anwesenden Gäste als Subjekte vorgestellt werden, die in ihrem subjektiven Verhalten den weinenden Odysseus als ihr Wahrnehmungsobjekt nicht erfassen."[18] Doch Heideggers Darstellung, wie wir dieses Verborgenbleiben anders als als Irrtum oder als Täuschung verstehen sollen, ist schwer zugänglich.

Es ist zugegebenermaßen nicht leicht zu verstehen, wie dieses „Verborgenbleiben" nicht als ein Versagen der Menschen um Odysseus zu verstehen ist. Man stelle sich Odysseus vor, neben dem König sitzend, der sein Gesicht mit seinem Mantel verhüllt und, obwohl gut sichtbar, nicht gesehen wird. Die Schwierigkeit liegt darin, dass Odysseus *gut sichtbar, ganz exponiert* ist, sodass es scheint, als müssten wir für das Übersehen einen Grund angeben. Odysseus verhüllt sein Gesicht. Das Wort, das Homer hier gebraucht – πρόσωπον – erinnert daran, dass das Gesicht eine Art Maske – προσωπεῖον – ist, die zugleich zeigt und verbirgt, wer jemand ist. Das Wort erinnert uns daran, dass Sichzeigen und Sichverbergen nicht unbedingt ge-

---

15 Homer, Ilias XXII, 276–277.
16 Heidegger, Parmenides, GA 54, 35.
17 Vgl. Homer, Odyssee II, 104–106: ἔνθα καὶ ἠματίη μὲν ὑφαίνεσκεν μέγαν ἱστόν, νύκτας δ' ἀλλύεσκεν, ἐπὴν δαΐδας παραθεῖτο. ὣς τρίετες μὲν ἔληθε δόλῳ καὶ ἔπειθεν Ἀχαιούς.
18 Heidegger, Vorträge und Aufsätze, GA 7, 254–255.

trennt sind; was sich zeigt wie das Gesicht, kann dasselbe sein, das verbirgt. Doch Heidegger bezieht sich nicht allein auf Odysseus' Gesicht oder seine Tränen: „vielmehr waltet für das griechische Erfahren um den Weinenden eine Verborgenheit, die ihn den anderen entzieht".[19] Heidegger liest die Stelle so, dass Odysseus verborgen *bleibt*, als wäre er immer verborgen und nichts verändert, als wäre Verborgensein die Seinsweise der Dinge – auch dann, wenn die Situation aufgedeckt wird. Später, während Demodokos' drittem Lied über Odysseus' Plan für das Trojanische Pferd, das Soldaten verstecken kann, wird Odysseus wiederum verborgen bleiben, während er Tränen vergießt, doch dieses Mal verhüllt er sein Gesicht nicht.[20] An dieser Stelle wird klar, dass der Mantel nicht der Hauptgrund dafür ist, dass Odysseus verborgen bleibt; Odysseus' Mantel lenkt eher die Aufmerksamkeit auf das Verborgensein. Nur König Alkinoos bemerkt (ἐπεφράσατ') ihn, doch nicht, weil ihm die Tränen aufgefallen wären, sondern weil er „die tiefen Seufzer hört".[21] Der König bemerkt, dass er nicht weiß, wer neben ihm sitzt. Alkinoos hört Odysseus' Leiden und fragt diesen endlich nach seinem Namen. Odysseus war die ganze Zeit über zu erkennen und doch wird von ihm bis zu jenem Moment nicht verlangt, sich selbst zu entdecken.

Odysseus beginnt seine Antwort mit einem Lob des Vergnügens, das es bereitet, einem Dichter wie Demodokos zuzuhören. Auch unterscheidet er seine eigene Art zu sprechen von der Weise, in der ein Dichter (ἀοιδός) spricht. Die Weise, in der Odysseus seinen Namen sagen und von seiner Geschichte berichten wird, bezeichnet er mit den Verben μυθεῖσθαι (erzählen) und καταλέγειν (berichten) – nicht mit ἀείδειν (singen) – und er bezieht sein Sprechen nicht auf die Musen, wie Demodokos es tut. Zunächst nennt Odysseus seinen Namen und entdeckt sich so. Dann übernimmt er es, seine eigene Geschichte zu erzählen. In der ersten Geschichte – über den Zyklopen, das einäugige Monster, das er blendet – wird Odysseus wiederum nach seinem Namen gefragt. In jener Geschichte benutzt er einen falschen Namen, ein Pseudonym, und nennt sich selbst „Niemand".[22] Bei jener Gelegenheit verbirgt sich Odysseus also

---

[19] Heidegger, Vorträge und Aufsätze, GA 7, 255.
[20] Vgl. Homer, Odyssee VIII, 532.
[21] Homer, Odyssee VIII, 534.
[22] Vgl. Homer, Odyssee IX, 366: Οὖτις ἐμοιγ' ὄνομα. Vgl. auch Heideggers Bemerkungen zu Pseudonymen (Heidegger, Parmenides, GA 54, 52–54).

durch eine Täuschung, eine Lüge. Doch dieses absichtsvolle Verbergen geht Heidegger zufolge auf ein ursprünglicheres Vergessen zurück, ein Verbergen, das zur Bewegung des Erscheinens selbst gehört.

Jenes wesentliche Vergessen möchte Heidegger ansprechen. So schreibt er: „Wenn aber im Griechentum das Wesen der Verbergung und der Unverborgenheit so wesenhaft als Grundzug des Seins selbst erfahren ist, muß dann nicht auch die Verbergung selbst ein anfängliches Wesen zeigen, dem die Verbergung in der Gestalt des ψεῦδος, der Verstellung, keineswegs genügt?"[23] Heidegger weist darauf hin, dass es verschiedene Formen gibt, das Andere der ἀλήθεια zu benennen: „Gleichwohl können auch wir in gewissem Umkreis verschiedene Weisen der Verbergung beachten und verstehen. Wir müssen dies sogar versuchen, wenn wir noch imstand bleiben wollen, *die eine Weise der Verbergung ahnen zu lernen.* [...] Vielleicht gibt es *Weisen der Verbergung,* die nicht nur bewahren, aufbewahren und so in einer gewissen Weise doch entziehen, die vielmehr *in einer einzigen Art Wesenhaftes zukommen lassen und schenken.*"[24] Heidegger gibt eine Reihe ‚alltäglicher' Beispiele wie das Bergen und Verbergen von etwas, weist aber dann auf dasjenige hin, was er den „ausgezeichneten Rang des Wesens der Verbergung"[25] nennt, in welchem wir „den Wesenszusammenhang zwischen dem Tod und Verbergen"[26] erkennen.

Diese Verbindung von Tod und Verbergen bestimmt die ursprüngliche Form des Vergessens, auf der alle anderen Formen beruhen. Auch wenn diese Verbindung schwer zu verstehen ist – diese Verbindung und die Weise, in der sie das Wesen jenes Vergessens und Verbergens erhellt, die zur Lebensbewegung gehören – ist sie die grundlegendste und verdient die größte Aufmerksamkeit. Das erste Beispiel dieser Verbindung, das Heidegger anführt, ist aus jener Passage der *Odyssee,* in der Athene Telemachos ermutigt, die Suche nach seinem Vater werde erfolgreich sein. Athene sagt, sie habe die Welt besegelt auf der Suche nach dem Ort ὅπου κύθε γαῖα, „an dem [Odysseus] in der Erde verborgen liegt".[27] Die zweite Stelle

---

[23] Heidegger, Parmenides, GA 54, 91.
[24] Heidegger, Parmenides, GA 54, 91–92.
[25] Heidegger, Parmenides, GA 54, 88.
[26] Heidegger, Parmenides, GA 54, 88.
[27] Homer, Odyssee III, 16.

entstammt der *Ilias*. In dieser spricht Achill zu Agamemnon und beschwört ihn, Patroklos' Knochen von seinem Scheiterhaufen zu bergen und diese sicher und gesondert aufzubewahren, bis Achill selbst „im Hades verborgen liegt" (Ἄϊδι κεύθωμαι).[28]

An keiner der beiden Stellen kommt das Wort „Tod" vor, auch wenn beide sich auf einen Toten beziehen. Vielmehr verstehen beide Passagen den Tod als ein Verstecken oder Verbergen in der Erde. Heidegger argumentiert, diese Redeweise sei nicht einfach eine Metapher oder eine poetische Ausschmückung; vielmehr fänden wir in diesen Ausdrücken der Verwandtschaft von Tod und Verbergen die ursprüngliche Form des Vergessens, des Verbergens, aus der Homer die Grundbewegung des Lebens gedacht habe, das Wesen allen Erscheinens. Heidegger kommentiert jene Verwandtschaft von Tod und Verbergen so: „Der Tod ist den Griechen nicht, so wenig wie die Geburt, ein ‚biologischer' Vorgang. Geburt und Tod empfangen ihr Wesen aus dem Bereich der Entbergung und Verbergung des Untererdigen und dem Lichten, Entbergenden des Übererdigen (des Himmelsgewölbes οὐρανός). Für die Römer dagegen ist die Erde tellus, terra, das Trockene, das Land im Unterschied zum Meer; diese Unterscheidung unterscheidet das, worauf Anbau und Siedlung und Einrichtung möglich ist, gegen das, wo solches unmöglich ist. Terra wird zu territorium, das Siedlungsgebiet als Befehlsbereich. Im römischen terra liegt der imperiale Akzent, wovon das griechische γαῖα und γῆ nichts hat."[29]

2.

Tod und Geburt – diese asymmetrischen Enden der Lebensbewegung – finden ihre Wesensnatur in der Bewegung von Entdecken und Verbergen. Mehr noch: „λανθάνω, ich bleibe verborgen, [meint]

---

[28] Homer, Ilias XXIII, 244. Heidegger hätte sich auch auf Ilias XXII, 482–484 beziehen können, jene Stelle, an der Andromache Hektors Leichnam beweint: νῦν δὲ σὺ μὲν Ἀΐδαο δόμους ὑπὸ κεύθεσι γαίης ἔρχεαι, αὐτὰρ ἐμὲ στυγερῷ ἐνὶ πένθεϊ λείπεις χήρην ἐν μεγάροισι. Diese Formulierung wiederholt sich in Odyssee XXIV, 204. Dort heißt es, die Seelen (ψυχαί), die die Phantome (εἴδωλα) der Toten sind, sprächen zueinander „im Hause Hades', verborgen in der Erde". Dieselbe Wendung benutzt Sophokles (vgl. Sophokles, Antigone, 911).
[29] Heidegger, Parmenides, GA 54, 88–89.

nicht irgendeine Verhaltungsweise des Menschens unter vielen anderen, sondern den Grundzug alles Verhaltens zu An- und Abwesendem, wenn [es] nicht gar den Grundzug des An- und Abwesens selbst nennt".[30] Aber dieses Verbergen in seinem archaischsten Sinn gehört allein der Erde zu, sodass man sagen könnte, dass der Tod unseren Vertrag mit der Erde besiegelt und dass aus dieser Beziehung zur Erde unser Sinn für die Grundbewegung des Lebens und allen Erscheinens hervorgeht.

Die Grundbewegung des Lebens ist aus diesem Sinn der Beziehung zur Erde zu verstehen; und dennoch sind wir genau an diesem Punkt dem griechischen Sinn am meisten entfremdet. Heidegger behauptet, dass diese Fremdheit, dieser Verlust einer lebendigen – lebenden und sterbenden – Beziehung zur Erde in der römischen Welt beginnt. Die Art und Weise, in der wir die Welt heute verstehen, habe diese Entfremdung nur verstärkt und die griechische Welt noch unverständlicher werden lassen. Hölderlin bezieht sich auf diese Fremdheit in einem Brief an Böhlendorff: „Denn das ist das tragische bei uns, daß wir ganz stille in irgend einem Behälter eingepakt vom Reiche der Lebendigen hinweggehn, nicht daß wir in Flammen verzehrt die Flamme büßen, die wir nicht zu bändigen vermochten."[31] Der Unterschied ist klar: Homer denkt den Tod als ein Verbergen in der Erde, als Rückkehr, in der etwas an der Lebensbewegung selbst hervortritt; wir dagegen packen die Toten in einen Behälter und packen sie weg in eine tote Erde. Unsere Welt ist eine Art Abtötung der griechischen Welt: Die Erde wird ein Objekt, etwas Ausgetrocknetes, das erobert werden kann, und in Leben und Tod sind wir von der Erde abgetrennt, nur um zuletzt eingepackt und in diese Erde gesetzt zu werden. Die Erde wird Objekt, und wir werden Subjekte. Der Tod wird dann als Ende des Subjekts, als dessen letzte Isolation verstanden, nicht mehr als Rückkehr zur Erde. In solcher Isolation geht nicht nur unsere Zugehörigkeit zur φύσις verloren, sondern die φύσις selbst verschwindet als dasjenige, das κρύπτεσθαι φίλει, „sich zu verbergen liebt", aus unserem Verständnis der Lebensbewegung. Was derart verschwindet, ist der Sinn dafür, dass der Tod eine Rückkehr zur Erde ankündigt, die zur Le-

---

30 Heidegger, Vorträge und Aufsätze, GA 7, 257.
31 Friedrich Hölderlin in einem Brief an Casimir Ulrich Böhlendorff vom 4. Dezember 1801, in: Sämtliche Werke und Briefe, hrsg. von Michael Knaupp, Band II, München 1992, 912–914, hier 913.

bensbewegung als ganzer gehört. In seltsamer Weise gibt uns diese elementare Verschwandtschaft von Tod, Erde und Verbergung etwas Gewöhnliches, etwas Einfaches zu verstehen, das alles Erscheinen betrifft: das Verbergen, das als Verborgenbleiben nicht die einfache Negation des Entbergens ist, sondern ursprünglicher noch in einer Weise, in der das Entbergen möglich ist. Das Verbergen ist, möchte man sagen, ‚älter' als die Entbergung. Oder, wie Heidegger formuliert: „das ‚verborgen' [hat] bei der Erfahrung des Seienden den Vorrang".[32]

Kurz nach dieser Formulierung und kurz nach seiner Anspielung auf die Verwandtschaft von Tod und Verbergen, und nachdem er erneut hervorgehoben hat, dass dieses ursprüngliche Verbergen zu verstehen uns heutzutage unmöglich ist, spricht Heidegger vom Rätsel des Wesens dieses Verborgenseins, dieses Verbergens auf eine neue Weise, diesmal mit Bezug auf dessen „dichterisch schönste Wesenserhellung" bei Pindar, der von „der zeichenlosen Wolke der Verbergung" (λάθας ἀτέκμαρτα νέφος) schreibt.[33] Die Wolke – selbst ohne Zeichen, ohne irgendein Anzeichen – verbirgt und wirft Dunkelheit über alles andere: Sie lässt Klarheit und Struktur unzugänglich werden. Doch das wesentliche Wort ist hier ἀτέκμαρτα, „zeichenlos", das anzeigen soll, dass die Wolke sich selbst gar nicht zeigt. Die hier beschriebene Verbergung ist deshalb „abwesende Verbergung"[34] und darin, „daß die Wolke der vergessenden Verbergung sich selbst als solche verbirgt, kommt das Unheimliche des Vergessens zum Vorschein".[35] Die Ironie, die darin liegt, von diesem Vergessen zu sprechen, ist, dass gerade die Benennung des doppelten Verbergens dieses ans Licht bringt. Eine besondere Sensibilität für diese Ironie und diese Verbergung ist es, die die Sprache der Dichtung von der Sprache der Philosophie unterscheidet.

Nach der Beschreibung der Weise, auf welche die „zeichenlose Wolke" sogar sich selbst verbirgt, gibt Heidegger ein Beispiel für eine solche. Man könnte vielleicht erwarten, dass er sich nun auf Odysseus' Geste der Verhüllung bezieht, doch Heidegger gibt ein anderes, zunächst recht überraschendes Beispiel, wenn er schreibt:

---

[32] Heidegger, Parmenides, GA 54, 41.
[33] Heidegger, Parmenides, GA 54, 110. νέφος ist auch eine Metapher für Blindheit.
[34] Heidegger, Parmenides, GA 54, 121.
[35] Heidegger, Parmenides, GA 54, 120.

„die Schreibmaschine ist eine zeichenlose Wolke, d. h. eine bei aller Aufdringlichkeit sich entziehende Verbergung, durch die der Bezug des Seins zum Menschen sich wandelt".[36] Die Schreibmaschine steht für einen „fast alltäglichen und daher unbemerkten und daher zeichenlosen Bezug zur Schrift, d. h. zum Wort, d. h. zum Wesensbereich der Hand, und d. h. des Wortes".[37] Die Schreibmaschine macht das sich selbst entziehende Wesen der Verbergung im Zeitalter des *Gestells* anschaulich. Doch ist diese Verbergung Merkmal *allen* Erscheinens. Es ist aus diesem Verbergen – und in es zurück –, dass die Lebensbewegung ist, was sie ist. Wenn Gadamer von der „Verborgenheit der Gesundheit" spricht, benennt er noch eine andere Weise, in der das Verbergen zu den Elementen des Erscheinens gehören kann: Gesundheit, die sich Objektivierung und Definition entzieht, und in ihrer Abwesenheit am bekanntesten ist, sodass ihre Gegenwart ein solches Sich-selbst-verbergen ist; Gadamer erinnert uns daran, dass dieses Sich-selbst-verbergen letztlich die Bewegung der φύσις selbst ist. Die Grundbewegung des Lebens ist durch diese Bewegung angestoßen. In den Worten Heraklits: φύσις [...] κρύπτεσθαι φιλεῖ.[38] Heidegger selbst weist auf dasselbe hin, wenn er sagt: „Das Leben ist diesig, es nebelt sich immer ein."[39]

3.

Heidegger wandte sich Homer zu in dem Versuch, die Bedeutung der Wahrheit als ἀλήθεια zu entfalten. Was Heidegger bei Homer fand, war ein Sinn der Lebensbewegung, der hinter die Objektivierung des Lebens zurückreicht, die unsere Zeit auszeichnet. Ebenso entdeckte er eine Sprache vor der Sprache der Philosophie, eine Sprache, die noch nicht in die Sprache des Begriffs verknöchert, sondern aufmerksam auf die Bewegung des Verbergens und Entbergens war. Heidegger fand, mit anderen Worten, eine Sprache, die noch nicht einem Sinn von Wahrheit als Streit mit der Falschheit, sondern einem

---

36 Heidegger, Parmenides, GA 54, 126.
37 Heidegger, Parmenides, GA 54, 119.
38 Heraklit, VS 22, B 123, 178. Die Fragmente der Vorsokratiker werden zitiert nach: Hermann Diels / Walther Kranz (Hrsg.), Die Fragmente der Vorsokratiker, siebte Auflage, Berlin 1954, Band 1–3, hier Band 1.
39 Vgl. Hans-Georg Gadamer, Hermeneutik und ontologische Differenz, in: Hermeneutik im Rückblick, Gesammelte Werke Band 10, Tübingen 1999.

Sinn von Wahrheit als in gleicher Weise bestimmt von Entbergen und Verbergen verpflichtet war. Heidegger sagt klar, dass dasjenige, was im Sprechen von der Wahrheit am schwersten anzusprechen ist, Verbergung, Verstecken, Vergessen sind – die „zeichenlose Wolke", die kein subjektives Versagen ist, sondern elementar und ursprünglich. Auch hier bietet Homer eine Weise an, die Welt zu verstehen und zu benennen, die nicht von der Überzeugung gefangengehalten wird, dass das Andere der Wahrheit schlicht ein Irrtum ist. Heidegger weist auf verschiedene Worte hin, die die Gegenbewegung zur ἀλήθεια benennen – λάθας ἀτέκμαρτα νέφος und κρύπτεσθαι verdienen darunter besondere Beachtung. Doch keines dieser Worte hat einen einzigartigen Zugriff darauf, wie die elementare Verbergung, die der Existenz eigen ist, gedacht werden muss. Entscheidend bei all diesen Worten ist, dass sie als dichterische Worte verstanden werden müssen. Aber warum? Und was meint hier „dichterisch"?

Der Unterschied zwischen dem philosophischen Wort, etwa dem Begriff, und dem dichterischen Wort ist hier hilfreich. Das philosophische Wort bringt in die Klarheit des Lichtes; der Begriff erhellt, wirft Licht, lässt uns das allgemeine Wesen unserer Erfahrung erkennen. Es ist kein Zufall, dass das Wort εἶδος von ὁρᾶν kommt, von „sehen". Es ist ebenso kein Zufall, dass das philosophische Vokabular das Denken vom Licht und Sehen her begriffen hat, sodass wir davon sprechen, „ein Licht auf etwas zu werfen", „Klarheit zu gewinnen", „aufzuhellen" und „einzusehen", was gemeint ist. Das dichterische Wort dagegen ist durch seine Aufmerksamkeit für das ausgezeichnet, was wir nicht sehen können und nicht sehen. Es ist kein Zufall, dass man sich Homer – den wesentlichen Dichter für die Griechen, den exemplarischen Dichter – als blind vorgestellt hat. Wir sind noch nicht einmal sicher, dass es *einen* Homer gibt, aber wir sind sicher, dass Homer blind war.[40] Ein jedes Verständnis der Stelle, an der Odysseus sein Gesicht verhüllt, als Demodokos von ihm singt, muss dabei mit einbeziehen, dass Demodokos ebenfalls blind war. Dichtung ist nicht zuerst bestimmt als eine Literaturgattung; vielmehr muss Dichten als ein Sprechen neubestimmt werden, das – sanft und respektvoll – dasjenige erhält, was wir nicht sehen können und das deshalb die Sprache nicht voll ausdrücken kann.[41]

---

[40] Ein Name für die Blinden war Ομηρος (Geisel), was sich darauf bezieht, dass Blinde immer jemanden brauchen, der sie führt.
[41] Vgl. Dennis J. Schmidt, Was wir nicht sagen können: Reflexionen zur

Von der Wahrheit sprechen 51

Dichterische Sprache ist mit anderen Worten eine Sprache, die der vollen Wahrheitsbewegung folgt – als Verbergen und Entbergen; eine Sprache, die auf dasjenige, was im Dunkeln verborgen bleibt, ebenso antwortet wie auf das, was ans Tageslicht kommt. Dass man seit Platon von der Dichtung sagt, sie habe eine besondere Verbindung zu Tod und Trauer, bestätigt nur die Aufmerksamkeit für dasjenige, was verloren, abwesend, ungesehen und vergessen ist.

4.

Platons Dichterkritik ist vor allem gegen diese wesentliche Verbindung von Dichtung, Verbergung und Tod gerichtet. Doch gibt es in den Dialogen zwei Szenen, in denen Homers Beschreibung, wie Odysseus seinen Kopf verhüllt, wiederklingt. Ich werde diese beiden Szenen nur kurz erwähnen, wenn von ihnen auch letztlich sehr viel über Homer zu lernen wäre.

Eine Szene findet sich im *Phaidros*. Sokrates verhüllt sein Gesicht, wenn er seine erste Rede über Eros beginnt. Phaidros drängt Sokrates zu dieser Rede, auch wenn Sokrates zögert; Sokrates gibt nach und beginnt seine Lobrede mit den Worten: „Verhüllt will ich sprechen, damit ich aufs schnellste die Rede durchjage, und nicht etwa, wenn ich dich ansehe, aus Scham in Verwirrung gerate."[42] Seine zweite Lobrede des Eros beginnt Sokrates: „Ich also, Freund, muß mich reinigen. Es gibt aber für die in Dichtungen über die Götter Sündigenden eine alte Reinigung, von welcher Homeros nichts wußte, Stesichoros aber. Denn als er der Augen beraubt ward wegen Schmähung der Helena, blieb ihm nicht wie dem Homeros die Ursach unbekannt, [...] und [er] dichtete sogleich sein ‚Unwahr ist diese Rede [...]' und nachdem er den ganzen sogenannten Widerruf gedichtet, ward er alsbald wieder sehend."[43] Bemerkenswert an

---

Sprache und Freiheit, in: Günter Figal / Jean Grondin / Dennis J. Schmidt (Hrsg.), Hermeneutische Wege. Hans-Georg Gadamer zum Hundertsten, Tübingen 2000, 161–175.
42 Plato, Phaedrus 237a: ἐγκαλυψάμενος ἐρῶ, ἵν' ὅτι τάχιστα διαδράμω τὸν λόγον, καὶ μὴ βλέπων πρὸς σὲ ὑπ' αἰσχύνης διαπορῶμαι. Platons Dialoge werden zitiert nach: Platonis Opera, hrsg. von John Burnet, Oxford 1900–1907. Die Übersetzung folgt dem Text Friedrich Schleiermachers.
43 Plato, Phaedrus 243a–243b: ἐμοὶ μὲν οὖν, ὦ φίλε, καθήρασθαι ἀνάγκη· ἔστιν δὲ τοῖς ἁμαρτάνουσι περὶ μυθολογίαν καθαρμὸς ἀρχαῖος, ὃν Ὅμηρος μὲν οὐκ

dieser Stelle, die von einer Lüge und ihrem Widerruf handelt, ist, dass, wenn Sokrates sein Gesicht verhüllt, er *Aufmerksamkeit auf sich und sein Verbergen lenkt*. Sokrates spricht weiter, auch wenn sein Gesicht verhüllt ist; im Gegensatz zu Odysseus, der versteckt und verborgen bleibt, wenn er sein Gesicht verhüllt, intensiviert Sokrates seine Anwesenheit dadurch, auf solch merkwürdige Weise anwesend zu sein.

Die zweite Platonstelle, an der Homer widerhallt, ist in einem ganz anderen Kontext zu finden, nämlich in Phaidons Erzählung von Sokrates' eigenem Tod. Die Todesszene, von der Phaidon berichtet, beginnt mit seinem Eingeständnis, dass, während Sokrates zu sterben bereit war, Phaidon sein eigenes Unglück, einen Freund wie Sokrates zu verlieren, beweint habe. Er sagt: „Auch mir selbst flossen Tränen mit Gewalt, und nicht tropfenweise, so daß ich mich verhüllen [ἐγκαλυψάμενος] mußte, und mich ausweinen".[44] Nachdem Sokrates seine Freunde ermahnt hat, nicht zu weinen und still zu bleiben und nachdem das Gift zu wirken begonnen hat und Sokrates zu sterben beginnt, legt dieser sich nieder. Phaidon beschreibt die Szene so: „Als ihm nun schon der Unterleib fast ganz kalt war, da enthüllte er sich, denn er lag verhüllt, und sagte, und das waren seine letzten Worte, O Kriton, wir sind dem Asklepios einen Hahn schuldig, entrichtet ihm den, und versäumt es ja nicht. – Das soll geschehen, sagte Kriton, sieh aber zu, ob du noch sonst etwas zu sagen hast. Als Kriton dies fragte, antwortete er aber nichts mehr, sondern bald darauf zuckte er, und der Mensch deckte ihn auf; da waren seine Augen gebrochen. Als Kriton das sah, schloß er ihm Mund und Augen."[45] Sokrates' Gesicht ist ebenso verhüllt, aber Sokrates

---

ᾔσθετο, Στησίχορος δέ. τῶν γὰρ ὀμμάτων στερηθεὶς διὰ τὴν Ἑλένης κακηγορίαν οὐκ ἠγνόησεν ὥσπερ Ὅμηρος, ἀλλ' ἅτε μουσικὸς ὢν ἔγνω τὴν αἰτίαν, καὶ ποιεῖ εὐθὺς – οὐκ ἔστ' ἔτυμος λόγος οὗτος, οὐδ' ἔβας ἐν νηυσὶν εὐσέλμοις, οὐδ' ἵκεο Πέργαμα Τροίας –· καὶ ποιήσας δὴ πᾶσαν τὴν καλουμένην Παλινῳδίαν παραχρῆμα ἀνέβλεψεν. ἐγὼ οὖν σοφώτερος ἐκείνων γενήσομαι κατ' αὐτό γε τοῦτο· πρὶν γάρ τι παθεῖν διὰ τὴν τοῦ Ἔρωτος κακηγορίαν πειράσομαι αὐτῷ ἀποδοῦναι τὴν παλινῳδίαν, γυμνῇ τῇ κεφαλῇ καὶ οὐχ ὥσπερ τότε ὑπ' αἰσχύνης ἐγκεκαλυμμένος.
[44] Plato, Phaedo 117c: ἀλλ' ἐμοῦ γε βίᾳ καὶ αὐτοῦ ἀστακτὶ ἐχώρει τὰ δάκρυα, ὥστε ἐγκαλυψάμενος ἀπέκλαον ἐμαυτόν.
[45] Plato, Phaedo 118a: ἤδη οὖν σχεδόν τι αὐτοῦ ἦν τὰ περὶ τὸ ἦτρον ψυχόμενα, καὶ ἐκκαλυψάμενος – ἐνεκεκάλυπτο γάρ – εἶπεν – ὃ δὴ τελευταῖον ἐφθέγξατο – ὦ Κρίτων, ἔφη, τῷ Ἀσκληπιῷ ὀφείλομεν ἀλεκτρυόνα· ἀλλὰ ἀπόδοτε καὶ μὴ ἀμελήσητε. – ἀλλὰ ταῦτα, ἔφη, ἔσται, ὁ Κρίτων· ἀλλ' ὅρα εἴ τι ἄλλο λέγεις. – ταῦτα ἐρομένου αὐτοῦ οὐδὲν ἔτι ἀπεκρίνατο, ἀλλ' ὀλίγον χρόνον διαλιπὼν ἐκινήθη τε

Von der Wahrheit sprechen

legt den Stoff zurück, um seine letzten, enigmatischen Worte zu sprechen: „O Kriton, wir sind dem Asklepios einen Hahn schuldig, entrichtet ihm den, und versäumt es ja nicht." Danach wird sein Gesicht wieder verhüllt.

Man könnte viel über diese letzten Worte sagen, besonders wenn man sie in Verbindung mit dem *Phaidros* liest, jener Stelle, an der Sokrates sein Gesicht enthüllt, um das zu widerrufen, was er für eine Lüge hält. Aber ich möchte mich beschränken auf die Bedeutung des Verhüllens und die besonderen Merkmale der Todesszene, denn die Verbindung von Verhüllung und Tod ist, wie Heidegger uns erinnert, die tiefste Wahrheit des Verbergens, das allem Erscheinen zu eigen ist. Das zu berücksichtigen macht die ohnehin komplizierte Interpretation von Sokrates' Tod noch enigmatischer. Ohne diese Überlegung weiter zu verfolgen, möchte ich nur zur Kenntnis nehmen, dass Platon genau die gleichen Worte gebraucht hat wie Homer, um die Geste des Verhüllens zu beschreiben. Das ist kein bloßer Zufall. Aber es ist auch das Thema eines anderen Vortrags.

5.

Zum Schluss möchte ich zu meiner Ausgangsfrage zurückkehren: Wie sollen wir die Grundbewegung des Lebens verstehen und von ihr sprechen?

Heidegger eröffnet *Sein und Zeit* mit der Erinnerung an die Vergessenheit, die uns heute bestimmt, nämlich das Vergessen der Seinsfrage. Es ist ein besonderes Vergessen, denn es ist ein Vergessen dessen, das immer sichtbar, immer ‚da' ist. Doch nimmt dieses Vergessen zwei Formen an: Eine ist geprägt von unserer Gleichgültigkeit und den Kräften des alltäglichen Lebens, die diese Frage vor uns verbergen; aber die andere ist ursprünglicher, man könnte sogar sagen, dass sie es ist, die uns bestimmt, denn sie gehört zu der Zeitlichkeit, die wir sind. Auf diesem primordialen Vergessen ruhen die anderen Formen des Vergessens, die erst aus ihm möglich werden. Es kann auch nicht überwunden werden, denn es gehört zu jener Lebensbewegung, die wir selbst sind: „Das Leben ist diesig, es nebelt sich immer ein." Heidegger entwickelt in *Sein und Zeit*, dass die

καὶ ὁ ἄνθρωπος ἐξεκάλυψεν αὐτόν, καὶ ὃς τὰ ὄμματα ἔστησεν· ἰδὼν δὲ ὁ Κρίτων συνέλαβε τὸ στόμα καὶ τοὺς ὀφθαλμούς.

Philosophie nicht mehr in der Lage ist, jener Lebensbewegung – die letztlich die Bewegung der Wahrheit ist – Sprache zu verleihen. Die Sprache der Philosophie ist erstarrt, sie hat die Fähigkeit verloren, von dieser Bewegung zu sprechen, ihr zu folgen, ohne sie stillzustellen. Die Philosophie hat diese Bewegung von ihren eigensten Wurzeln abgeschnitten, nämlich von Geburt und Tod – und das heißt: von der Erde. Die Philosophie hat, anders gesagt, den Sinn und die Sprache für die Wahrheit verloren.

Heidegger findet in Homers proto-philosophischer Sprache ebenjenen Sinn für Wahrheit, für die Bewegtheit des Lebens. Diese Sprache und dieser Sinn unterscheiden Homer von den Philosophen; sie machen aus ihm einen Dichter. Heidegger hat nie aufgehört, dafür zu argumentieren, dass unsere Taubheit gegenüber solcher Sprache uns heute bestimmt und die besonderen Gefahren der heutigen Zeit ausmacht. Heidegger wusste, dass die Not groß ist, wieder hören zu lernen. Nicht weniger als unsere Beziehung zur Erde, zur Geburt und zum Tod steht auf dem Spiel. Sprache ist die Weise, wie wir in die Welt gelangen und anderen zugehören. Jene Worte zu finden, die uns die Welt und die Erfahrung eröffnen, als das, was uns offenbart ist – Worte zu finden, die das freisetzen, was sich entzieht und verborgen bleibt – heißt, wohnhaft zu werden in einer Welt, die eine Heimat sein kann. Eine Welt, letztlich, von Geheimnissen.

Marion Hiller

Heidegger und die Literatur, oder: *Der Ursprung des Kunstwerkes* in seinsgeschichtlicher Dimension

Heidegger hat innerhalb seines Denkens nicht von Literatur gesprochen, und das mit gutem Grund, bedeutet Literatur doch – abgeleitet vom Lateinischen *litteratura* – zunächst nur „Geschriebenes", weiter „Schrift", „Alphabet", „Sprachunterricht", im Spätlateinischen auch „Sprachwissenschaft", „Grammatik" und „Brief".[1] Auch das damit suggerierte Medium der Schrift sowie die Medialität der Schriftlichkeit im Gegensatz zur Mündlichkeit ist dem, worum es in Heideggers Denken geht, immer schon nachgeordnet, nicht im Sinne einer Ableitung, aber im Sinne eines Gehörens. Die Bedeutung des Wortes Literatur tendiert aufgrund seiner Herkunft zum *Schriftstück*, somit zur Vergegenständlichung[2] und zu dem, was später Ge-Stell genannt wird.

---

1 Vgl. Pons-Globalwörterbuch. Lateinisch-Deutsch, zweite neubearbeitete Auflage, Stuttgart/Dresden 1986, 581.
2 Dies ist seinsgeschichtlichen Entscheidungen geschuldet und gehört in die Ableitung der Sprache vom Sprechen sowie des Sprechens von den stimmlichen Verlautbarungen bei Aristoteles (vgl. Heidegger, Unterwegs zur Sprache, GA 12, 192). Diese Auffassung von Sprache gründet in dem Verständnis des Menschen als *animal rationale*, vom Tier her, begründet Sprachauffassungen im zeichentheoretischen Sinne als Ausdruck und geht mit metaphysischen Oppositionen von Sinnlichkeit und Verstand/Vernunft, Körper und Geist/Seele, Äußerem und Innerem einher. Gerade in dem Letzten liegt auch die Tendenz zur Verobjektivierung und zum Bestellen der Welt als Bestand in Entsprechung auf den Anspruch des Ge-Stells. *Gegen-* ist im heideggerschen Denken nicht im Sinne einer Negation zu verstehen, sondern stets im Zusammenhang von *mit-*, als Streit, als Kehre. Erst in dieser wider- und zusammenstreitenden Bewegung ist die bloße Opposition, die metaphysische Logik von bloßer Identität und Differenz verwunden. Dies entspricht dem λόγος, wie Heidegger ihn – schon auf dem Weg eines ande-

Noch deutlicher wird die Zugehörigkeit von Literatur zum Ge-Stell in den Bedeutungen von *littera/litterae*: Neben „Buchstabe", „Schriftzeichen" und den synonymen Bedeutungen zu *litteratura* kann es vor allem im Plural auch „Akte(n)", „Dokument(e)", „Urkunde(n)", „Protokoll(e)", „Bericht(e)", „schriftliche Beweise", „Rechnungsbücher", „Listen", „Vertrag" sowie „Wissenschaft(en)", „Gelehrsamkeit" und „Belesenheit"[3] bedeuten.

Bewegt sich das Ge-Stell nicht in gegenständlich vorgestellter und insofern statischer Opposition[4] oder Identität zu Welt,[5] sondern ist es die geschichtlich vorherrschende Erscheinungsweise des Seins selbst,[6] so gilt es mit Heidegger, diesem Geschick zu entsprechen.

---

ren Anfangs im ersten – mit Heraklit in seiner Vorlesung *Einführung in die Metaphysik* (Heidegger, GA 40, vgl. beispielsweise 140) denkt.
[3] Vgl. Pons-Globalwörterbuch. Lateinisch-Deutsch, 580–581.
[4] Oliver Jahraus (Martin Heidegger. Eine Einführung, Stuttgart 2004, 195) bemerkt: „Überall dort, wo es zu einer Zweiteilung kommt, die konstitutiv für das in ihr Aufgeteilte wird, wirkt Metaphysik."
[5] Welt als „noch verborgene[s] Spiegel-Spiel des Gevierts von Himmel und Erde, Sterblichen und Göttlichen" (Heidegger, Bremer Vorträge, GA 79, 46). „Welt und Ge-Stell sind das Selbe" als „das Verhältnis des Unterschiedes" (Heidegger, Bremer Vorträge, GA 79, 52). Dieses Verhältnis ist als Ereignis, als Wesen (verbal) des Seins selbst gedacht insofern, als sich die Entgegensetzung von Ge-Stell und Welt „im Selben als das Wesende des Seins selber" (Heidegger, Bremer Vorträge, GA 79, 52) ereignet.
[6] Es ist hier wichtig, zwischen Technik und Ge-Stell zu unterscheiden. Die Technik stellt ein Wesens-Phänomen des abendländisch-metaphysischen Geschickes insofern dar, als die darin waltende instrumentalisierende Verobjektivierung, das Bestellen als Bestand, in ein Extrem getrieben ist. Den Anspruch seitens des Seins, dem die Menschen mit der Technik entsprechen, das heißt das *Wesen* (verbal) der Technik, nennt Heidegger das Ge-Stell (Heidegger, Vorträge und Aufsätze, GA 7, 21: „‚Gestell' als Name für das Wesen der modernen Technik"; Heidegger, Vorträge und Aufsätze, GA 7, 20: „Wir nennen jetzt jenen herausfordernden Anspruch, der den Menschen dahin versammelt, das Sichentbergende als Bestand zu bestellen – das *Ge-stell*"). Diese Unterscheidung ist insofern wichtig, als sie ein weit verbreitetes Missverständnis und die sich daran anschließende Skepsis zurechtrücken kann: Bei Heidegger wird die Technik *nicht* „als ein einheitlicher Block genommen, der alle Lebenssphären übergreift" (so Otto Pöggeler, Hermeneutik der technischen Welt. Eine Heidegger-Interpretation, Lüneburg 2000, 19), vielmehr ist die Technik eine Entsprechung auf *eine* Wesensweise des Seins, die im abendländisch-metaphysischen Denken vorherrscht, worin sich das Seynswesen jedoch nicht erschöpft. Insofern kann Technik als menschliche Entsprechung auf den Seinszuspruch nicht als einheitlicher Block und auch nicht als alle Lebenssphären übergreifend betrachtet werden. Inwiefern

Eine Weise dieser Ent-sprechung ist der destruierende Rückgang auf die Anfänge der abendländischen Metaphysik, das heißt, den seinsgeschicklichen Entscheidungen nachzugehen, in denen diese Herrschaft gründet.

Im Folgenden geht es nicht darum, Neues über Heideggers Erörterungen zur Kunst, zur Sprache, zum Sein und zum Verhältnis von Dichten und Denken zu sagen, aber doch dem nachzugehen, wohinein Kunst, Dichten und Denken bei Heidegger gehören.

1. Grundsätzliches

Es ist das Merk-würdige an Heideggers Denken, dass es sich eigentlich nicht erklären lässt. Nicht erklären, wenn erklären herleiten und ableiten aus anderem bedeutet – aus Einflüssen, aus Übernahmen, aus seiner Auseinandersetzung mit Dichtungen und der Philosophiegeschichte. Worum es aber in Heideggers späterem Denken geht, ist das Denken des Seins und des Eigen-Wesens.[7] Und dieses Eigen-Wesen ist aus nichts anderem ableitbar als aus dem Geschehen, das es selbst *ist*. Dieses Eigen-Wesen bestimmt sich *aus* seinem Sein, und es bestimmt andersherum auch dieses. Im Denken wie im Dichten geht es mit Heidegger um das geschichtliche[8] Hervor-Bringen (in seiner Doppeldeutigkeit) des Seins in seinem Geschehen.

Dieser Ansatz ist sicherlich ein Grund, warum Heideggers Denken – wie mir scheint – seitens der Wissenschaften, auch der Literaturwissenschaft, immer weniger Anklang findet. Doch spiegelt sich darin gerade dasjenige, was Heidegger in seinem seinsgeschichtlichen Denken eingeräumt hat: die zunehmende Seinsvergessenheit und in eins damit die zunehmende und immer vollständigere Herrschaft des Ge-Stells, des rechnend-(vor)stellenden Denkens.

Heideggers Technikauslegung keine „Kulturkritik" (Pöggeler, Hermeneutik der technischen Welt, 19) darstellt, sondern zur Seins-Geschichte gehört, dürfte deutlich sein.
[7] Vgl. Dietmar Koch, „Das erbringende Eignen". Zu Heideggers Konzeption des Eigenwesens im „Ereignis-Denken", in: Damir Barbaric (Hrsg.), Das Spätwerk Heideggers. Ereignis – Sage – Geviert, Würzburg 2007, 95–107.
[8] Willem van Reijen (Martin Heidegger, Paderborn 2009, 86) sieht *geschichtlich* als „das Zugleich von Vergangenheit, Gegenwart und Zukunft". *Zugleich* darf hier jedoch nicht als Identität des Zeitpunktes verstanden werden. Vgl. hierzu das Schlusskapitel dieses Aufsatzes.

Denken ist mit Heidegger Geschehen, Ereignis, es ist und vollzieht dasjenige, gehört dahinein, was es denkt, in das Seinsgeschehen, die Seinsgeschichte und das Ereignis. Dies kann den Vorwurf des reinen Kreisens in sich, der bloßen (pejorativ verstandenen) Dichtung im Gegensatz zur Philosophie, der Hermetik, der sich immunisierenden Verschanzung im Raunen des (vermeintlich) Eigenen hervorrufen oder gar – ausgehend von der Rektoratsrede von 1933 und unter der Prämisse von Wissenschaftlichkeit, Argument, Begründung und intersubjektivem Konsens – den Vorwurf des Faschismus auf sich ziehen.

Deutlich wird jedoch bei jedem Sich-Einlassen auf die Denkwege Heideggers, dass es den stellend-berechnenden, willens- und machtbestimmten Annahmen und Machenschaften im Rahmen des Nationalsozialismus in radikaler Weise wider-spricht, oder vielmehr: diese Machenschaften als geschichtlich bislang nicht dagewesene Erscheinungsweise des Ge-Stells fasst – mit dem Höhepunkt der Unterwerfung des Menschen unter eine Rasselehre[9] und der Realisierung einer Internierungs- und Tötungsmaschinerie. Was sich unter nationalsozialistischer Herrschaft abgespielt hat, muss mit Heidegger als Extremform der geschichtlichen Herrschaft des Ge-Stells betrachtet werden, die in aller Deutlichkeit und Konsequenz dasjenige *realisiert*, was in der Seinsgeschichte des Abendlandes als Ge-Stell vorherrscht.

Gerade dies wird in Heideggers Denken an seinen Ort gestellt, in der Durcharbeitung zu den Anfängen verwunden, indem in diesen Anderes aufgewiesen wird, das zwar da war, seinsgeschichtlich jedoch nicht ent-schieden wurde. Das Ge-Stell wird in diesen Durcharbeitungen *als solches* kenntlich und kann in seinem unhinterfragten Herrschafts- und Absolutheitsanspruch[10] relativiert werden.

In diesen Zusammenhang gehört die so genannte Kehre in ihren

---

[9] Vgl. auch Otto Pöggeler, Heideggers politisches Selbstverständnis, in: Annemarie Gethmann-Siefert / Otto Pöggeler (Hrsg.), Heidegger und die praktische Philosophie, Frankfurt am Main 1988, 17–63, hier 20. Auf die weit verzweigte Diskussion um Heideggers NS-Engagement kann ich in diesem Kontext nicht eingehen. Zum Zusammenhang von Technik und Nationalsozialismus vgl. jedoch Silvio Vietta, Heideggers Kritik am Nationalsozialismus und an der Technik, Tübingen 1989.
[10] Vgl. beispielsweise: „*Worin sich die Seinsverlassenheit meldet:* [...] Die *völlige Unempfindlichkeit gegen das Vieldeutige* [...]. *Vergötzung der Bedingungen* geschichtlichen Seyns, des Völkischen z. B. mit all seiner Vieldeutigkeit, zum *Unbedingten.*" (Heidegger, Beiträge zur Philosophie, GA 65, 117).

Heidegger und die Literatur

vielfältigen Bezügen:[11] *als wesentliche Bewegung des Seins selbst* in dem Bezug von Sein und Seiendem,[12] von Sein und Da-Sein,[13] Wesen und Wahrheit,[14] damit von Sein und Sage[15] und auch als die seinsgeschichtliche Kehre, als In- und Auseinander von erstem und anderem Anfang.[16] Die seinsgeschichtliche Übermacht des Da-seins des Ge-Stells beruht mit Heidegger auf einer Entschiedenheit des Geschicks nach dem ersten Anfang: Schwingt bei Anaximander, Parmenides und Heraklit das Sein noch in der Ganzheit seiner Bezüge, auch als In- und Auseinander von Denken und Sein, als λόγος (wie bei Heraklit) in seiner Ganzheit, gerade auch hinsichtlich Verborgenheit und Unverborgenheit, so wird die Seinsgeschichte nach Heidegger bereits mit Platon und Aristoteles zu einer Vorherrschaft des Denkens und des präsenten Seienden hin entschieden.

Diese seinsgeschichtliche Entscheidung bedeutet jedoch nicht die Absenz oder das Nicht-Sein des Seins im Ganzen seiner Bezüge, sondern bekanntermaßen sein Vergessensein und – in der Doppeldeutigkeit, die das Vergessen *seitens* des Seins, somit das Seins-Geschehen *als Ganzes* denkt – die Seinsvergessenheit. Vergessen ist es in der Verborgenheit, genauer: in der Verstellung durch das seinsgeschichtlich präsente Ge-Stell im Sinne eines stellend-vorstellenden Welt-Bildes. Doch ist auch dieses nicht bei sich. Es kann in seiner Vorherrschaft *als* es selbst nur erscheinen und es selbst sein, wenn es in den seinsgeschichtlichen Entscheidungen, auf denen es aufruht, eigens in die Unverborgenheit gebracht wird und die Seinsgeschichte somit von der Ursprünglichkeit ihres Anfangs, vom ersten Anfang her gegründet wird. Das wäre die Aufgabe des Denkens nach Heidegger. In dieser Gründung in der Kehre (in ihren mannigfaltigen Bezügen) kann das Denken in die Ursprünglichkeit der Ent-scheidung eines anderen Anfangs gelangen.[17]

---

11 Vgl. dazu auch Susanne Ziegler, Zum Verhältnis von Dichten und Denken bei Martin Heidegger, Tübingen 1998, 11–15.
12 Vgl. beispielsweise Heidegger, Bremer Vorträge, GA 79, 71.
13 Vgl. der „kehrige Bezug des Seyns zu dem von ihm ereigneten Da-Sein" (Heidegger, Beiträge zur Philosophie, GA 65, 7).
14 Vgl. beispielsweise Heidegger, Grundfragen der Philosophie, GA 45, 47.
15 Vgl. beispielsweise Heidegger, Der Ursprung des Kunstwerkes, GA 5, 74.
16 Vgl. beispielsweise Heidegger, Heraklit, GA 55, 43. Zum Gespräch Heideggers mit den Griechen vgl. Michael Steinmann (Hrsg.), Heidegger und die Griechen, Frankfurt am Main 2007.
17 *Entscheidung* sagt als *Ent-Scheidung* (*Scheidung* mit dem zugleich negierenden und doch ineinanderfügenden *Ent-*) die Entsprechung zum Sein im

In diesem Vorspann wurde nun Einiges zusammengedacht, vorweggenommen und nicht im Einzelnen ausgeführt. Dies ist mit Heidegger nur in der sehr genauen Arbeit an dem *Gesagten* der Sage möglich, das – in sich kehrig – zum Denken und dies wiederum zur Sage, zur Sprache, zum Sein gehört. Aus diesem weiteren Zusammenhang des heideggerschen Denkweges in und nach der Kehre soll nun ein Gesagtes genauer betrachtet werden, das in Heideggers Denkgeschichte an dem relativen Anfang der Kehre steht und zugleich Wegweiser und Winke für den weiteren Weg aufweist: die Vorträge, die als *Der Ursprung des Kunstwerkes* zusammengefasst sind. Knapp vier Jahre nach der Rektoratsrede gehalten, verdienen sie auch in dieser Hinsicht genauere Betrachtung, vor allem in Bezug auf die Bedeutung des Volkes[18] in seinsgeschichtlicher Dimension.

2. Zum Vorgehen Heideggers

Heideggers *Der Ursprung des Kunstwerkes* ist auf dem Weg zum Ereignisdenken, oder – wie Heidegger es in seinem *Zusatz* von 1956 fasst – „auf dem Weg der Frage nach dem Wesen des Seins".[19] Die Kunst „gehört in das *Ereignis,* aus dem sich erst der ‚Sinn von Sein' (vgl. *Sein und Zeit*) bestimmt"[20] und ist – wie noch deutlich wird – ganz von der Kehre geprägt.

Heideggers Denkweg ist und vollzieht, tut dieses selbst. Im schrittweisen Durchgehen der wesenhaften Verweisungen – des Kunstwerkes auf die Kunst und der Kunst auf das Kunstwerk – gelangt das Denken zunächst zum Dinghaften am Werk und zu den traditionell-gängigen Dingbegriffen. Aus diesen, die Dinghaftigkeit

---

Sinne eines in sich kehrigen Mit- und Auseinanders, ein Sich-Stellen in das Seins-Geschick. Zum Unterschied zur Wahl zwischen vorgegebenen Alternativen vgl. auch van Reijen, Martin Heidegger, 37–38.
[18] Vgl. dazu auch Helmuth Vetter, Anmerkungen zum Begriff des Volkes bei Heidegger, in: Reinhard Margreiter / Karl Leidlmair (Hrsg.), Heidegger. Technik – Ethik – Politik, Würzburg 1991, 239–248, insbesondere 242 und 245–246. Auf *Volk,* ebenso auf *Entscheidung* und *Geschick,* geht – außer deren Erwähnung – auch Friedrich-Wilhelm von Herrmann (Heideggers Philosophie der Kunst. Eine systematische Interpretation der Holzwege-Abhandlung „Der Ursprung des Kunstwerkes", zweite überarbeitete und erweiterte Auflage, Frankfurt am Main 1994) nicht ein.
[19] Heidegger, Der Ursprung des Kunstwerkes, GA 5, 73.
[20] Heidegger, Der Ursprung des Kunstwerkes, GA 5, 73.

Heidegger und die Literatur 61

des Dinges verfehlenden Bestimmungen, ergibt sich jedoch ein Wink auf die Nähe von Ding und Zeug. In der Betrachtung des Zeuges Bauernschuhe in dem Gemälde von van Gogh zeigt sich deren Zeugsein – und zwar *eigens*. Dieses Eigens-zum-Vorschein-Kommen eines Seienden in seinem Sein, die Eröffnung dessen, was etwas in Wahrheit ist, das Heraustreten eines Seienden in die Unverborgenheit seines Seins[21] sind denn auch die ersten Grund-Bestimmungen des Kunstwerkes.

Dieses Vorgehen Heideggers ist einerseits nicht beliebig, und andererseits wusste Heidegger sicherlich bereits diesen Weg und das Ziel. Die Vorgehensweise ist jedoch auch nicht bloße Rhetorik, um in suggestiver Manier zu überreden, obwohl gerade am Anfang Vieles suggestiv wirkt, sie ist vielmehr den Grundverhältnissen des Geschehnisses des Denkens selbst zu schulden und insofern performativ. Dies wiederum nicht im Sinne eines Kunstgriffs oder eines Konstruierten, sondern aus dem Geschehnis des Denkens heraus, das *geschehen* muss, das in den der Sache eigenen Verweisungen vollzogen werden muss und somit nur *in* und *als* dieses Geschehen geschieht, als performativer Prozess, der sich selbst zugleich darstellt *und vollzieht,* damit das Gedachte erst *ist*.

In letzter Instanz beruhen Heideggers Einsichten auf der Evidenz, auf der Evidenz des (Eigen-)Wesens, des Seins, das hervorleuchten und *als* es selbst *in* seinem Geschehen geschehen muss. Damit ist keinesfalls eine Unwiderlegbarkeit, ein Sich-unangreifbar-Machen gesagt. Die Wahrheit des Gesagten kann zwar durch kein Drittes, Anderes, abgesichert oder von ihm abgeleitet werden, doch ist Verstellung aufweisbar im denkenden und dichtenden Sich-Einlassen auf die verhandelte Sache.

3. Knappe Einordnung des Kunstwerkaufsatzes

Mit diesen Überlegungen zu Heideggers Denken sind wir schon in der Mitte von dem, was in *Der Ursprung des Kunstwerkes* entfaltet wird. Bildet das Sein für Heidegger zwar den ersten Ausgangspunkt und den letzten Bezugspunkt des Denkens, so ist dieses im Kunstwerkvortrag nicht hinreichend ausgeführt.[22] Vielmehr steht das

---

[21] Vgl. Heidegger, Der Ursprung des Kunstwerkes, GA 5, 21.
[22] Vgl. Heidegger, Der Ursprung des Kunstwerkes, GA 5, 48–49.

Wahrheitsgeschehen als ἀλήθεια im Mittelpunkt, das jedoch unaufhebbar zum Sein gehört: „Die Wahrheit ist die Unverborgenheit des Seienden als des Seienden. Die Wahrheit ist die Wahrheit des Seins."[23]

Weiterhin bleibt das Verhältnis von Sein und Sage ausgespart, „der *Bezug von Sein und Menschenwesen*",[24] wenngleich sich knappe Hinweise zur Bedeutung der Sprache im Umfeld der Vorrangstellung der Poesie als Dichtung im engeren Sinne finden. Um den Dreh- und Angelpunkt des Dichtens und Denkens im Blick zu behalten und das Einleuchten der Sache auf andere Weise evident werden zu lassen, folge ich dem Denkweg Heideggers im Kunstwerkvortrag nicht direkt, sondern werde das Kunstwerk von der anderen Seite, vom Seinsgeschehen beziehungsweise vermittelterweise vom Wahrheitsgeschehen her in den Blick zu nehmen versuchen.

Entscheidend ist bei diesem Ausgangspunkt die Differenz von Sein und Seiendem. Steht das Seiende im Sein[25] und ist das Sein die Unverborgenheit des Seienden,[26] so zeigt sich bereits hier ein in sich zirkulär gekehrtes, jedoch in sich differenziertes Geschehen an. Dasselbe gilt für die ἀλήθεια als die Unverborgenheit des Seienden, und zwar des Seienden als des Seienden.[27]

4. ἀλήθεια

Wahrheit als die Unverborgenheit des Seienden meint zunächst das, wodurch Seiendes überhaupt erscheint und ist. ἀλήθεια als Unverborgenheit ist, vom Sein her gedacht, somit allem Tun und Handeln, allem Verhalten in der Welt und insbesondere den Wahrheitsbegriffen im Sinne der Richtigkeit, der Übereinstimmung einer Aussage mit einer Sache,[28] vorgeordnet.[29]

---

[23] Heidegger, Der Ursprung des Kunstwerkes, GA 5, 69.
[24] Heidegger, Der Ursprung des Kunstwerkes, GA 5, 74.
[25] Vgl. Heidegger, Der Ursprung des Kunstwerkes, GA 5, 39.
[26] Vgl. Heidegger, Der Ursprung des Kunstwerkes, GA 5, 39.
[27] Vgl. Heidegger, Der Ursprung des Kunstwerkes, GA 5, 69.
[28] Vgl. Heidegger, Der Ursprung des Kunstwerkes, GA 5, 38.
[29] Andrea Kern („Der Ursprung des Kunstwerkes". Kunst und Wahrheit zwischen Stiftung und Streit, in: Dieter Thomä (Hrsg.), Heidegger-Handbuch. Leben – Werk – Wirkung, Stuttgart/Weimar 2003, 162–174, hier 165) fasst den „grundlegende[n] Sinn des Wahrheitsbegriffs" angemessen: „Wahrheit als das Maß unseres Verhaltens und nicht als eine Eigenschaft dieses Verhaltens".

Heidegger bringt nun diesen anderen, jedoch eigentlich *den* Wahrheitsbegriff ins Spiel, aus dem sich die Wahrheit als Richtigkeit herausgespielt hat, versucht jedoch, das in ihm Ungedachte im Sinne eines geschichtlich Nicht-Entschiedenen oder Nicht-so-Entschiedenen mitzudenken, und das ist die ἀ-λήθεια, die Un-Verborgenheit, als das Ineinanderspiel von Unverborgenheit und Verborgenheit als aus der Verborgenheit Herkommendes. Gerade dieses wurde in der Geschichte der Philosophie nicht als Ganzes gedacht, sondern gemäß geschichtlicher Ent-scheidungen auf die bloße Präsenz, verbunden mit einer Vorhanden- und Zuhandenheit des Seienden, reduziert.

Wahrheit als ἀ-λήθεια, als Un-Verborgenheit, ist in sich aber *Gegen-* und Ineinanderspiel, gründend in der *Verborgenheit* und aus ihr herkommend. Sie ist in sich selbst Streit. *Als* sie selbst, in ihrem Wesen, ist sie der Urstreit, der Urstreit von Lichtung und Verbergung. *Als* sie selbst ist sie jedoch nur, wenn dieser Streit *eigens* angestiftet und bestritten wird. Eine Weise dieser Anstiftung und Bestreitung ist das Kunstwerk.

Doch einen Schritt zurück. Wahrheit als ἀλήθεια ist das in sich Gegenwendige von Lichtung und Verbergung. Wahrheit ist ständig am Werk, jedoch nicht eigens, nicht *als* sie selbst. Ständig erscheint etwas, ständig bewegen wir uns zwischen Seiendem, wir ordnen es richtig ein oder nicht, wir verstehen es angemessen oder unangemessen, oder wir können etwas überhaupt nicht zur Kenntnis nehmen. All dies beruht nach Heidegger auf dem Wahrheitsgeschehen als Lichtung und zweifacher Verbergung, als Versagung, wenn etwas überhaupt nicht merklich wird und als Verstellung, wenn sich etwas unangemessen zeigt, wir falsch liegen. Auch wenn die Wahrheit nicht *als* sie selbst am Werk ist, geschieht sie und ist allem Verhalten in der Welt und letztlich dem, dass überhaupt etwas ist und nicht vielmehr nichts, vorgeordnet.[30]

Auch in diesem unmerklichen, alltäglichen Wahrheitsgeschehen geschieht der Streit von Lichtung und Verbergung, in dem sich die Streitenden in ihrem Gegeneinander und in der Einheit ihres Streites in ihr je eigenes Wesen übertreiben. In diesem Sich-gegenseitig-Übertreiben im Streit treten die Streitenden auseinander und eröffnen so das Offene des Streitraums, in den alles Seiende hineinsteht und aus

---

[30] Hier lässt sich eine Parallele zur Vorherrschaft des Ge-Stells sehen, das jedoch ohne das Geviert, ohne das stets verborgen Mitschwingende, nicht *als* solches erscheinen und somit auch nicht als es selbst erscheinen kann.

dem es sich zurückhält. Dieses Streitgeschehen von Lichtung und Verbergung ist jedoch nicht als Weiteres zu dem Seienden zu denken, sondern es ist das Sein des Seienden und als jeweilig Seiendem. Seiendes *ist* nur von seinem Sein und seiner Wahrheit als ἀλήθεια her.

Hier zeigt sich das in sich gekehrte Verhältnis von Sein und Seiendem als Geschehnis in der Untrennbarkeit und doch Unterschiedenheit von Sein und Seiendem. Und genau darin geschieht Wahrheit als das Anwesen des Seienden als eines solchen, das heißt aber von seinem Sein her. Wahrheit ist die Wahrheit des Seins, die Unverborgenheit des Seienden als Seiendes. ἀλήθεια geschieht ständig, wenn auch nicht *als* sie selbst, denn nur im Offenen des Wahrheitsgeschehens ist überhaupt etwas, das Seiende.

Was hier noch nicht mit einbezogen wurde, ist das Dasein oder Menschenwesen, wie es von Heidegger hier auch genannt wird, und das entspricht der Lücke, auf die Heidegger explizit verweist, auf das Unausgelegtsein des Bezuges von Sein und Sage. Hinsichtlich des Kunstwerkes kommt das Dasein oder Menschenwesen im Schaffen und Bewahren zum Vorschein, aber dazu später.

Wahrheit als der Streit von Lichtung und Verbergung geschieht ständig und in ihr ist stets eine Welt und die Erde. Welt und Erde sind nicht einfach das Offene und das Verschlossene, das der Lichtung und der Verbergung entsprechen würde. Aber immer ist Welt und Erde. Erde, worauf und worin der Mensch sein Dasein gründet, Welt, der das Dasein untersteht und Welt, die das Dasein hat, weil es sich im Offenen des Seienden aufhält.

5. Wahrheit *als* Wahrheit im Werk

In diesem stets geschehenden Wahrheitsgeschehen kann sich jedoch weder die Welt als Welt noch die Erde als Erde, auch nicht das Wahrheitsgeschehen als solches und das Seiende in seinem Sein zeigen. Damit dies geschehen kann, muss die Wahrheit einen ihr eigenen Stand finden. Das Kunstwerk ist ein Seiendes, in dem sich das Wahrheitsgeschehen als solches einrichten kann, und zwar von dem (Eigen-)Wesen (verbal) des Werkes her.

Geschieht Wahrheit ständig, so geschieht sie im Werk entsprechend dem Werksein des Werkes. Was ist das Werksein? Es ist nichts anderes als das dem Werk eigene Wahrheitsgeschehen, das Wahrheitsgeschehen, das dem Werksein des Werkes entspricht. Dieses ist wiederum aus nichts anderem ableitbar: Werke sind, Werke gibt es, sie haben ihr eigenes Sein und ihre Weise des Geschehens der ἀλήθεια. Dieses Werksein ist hinsichtlich des Wahrheitsgeschehens jedoch ein hervorstehendes, ein für das Sein und die Wahrheit wesentliches.

Wahrheit und das Werksein des Werkes wesen im Werk so, dass das Wahrheits- und das Seinsgeschehen in diesem eigens zum Vorschein und zu sich selbst kommen. Wie kann dies geschehen? Das Wahrheitsgeschehen im Werk geschieht aus dem Werksein des Werkes heraus und *als* dieses so, dass das Wahrheitsgeschehen und das Werksein des Werkes *als solche selbst* in das Wahrheitsgeschehen treten. Das Wahrheitsgeschehen wie das Sein zeigen sich im Werk als sie selbst und in ihrer wesenhaft in sich gekehrten Verfasstheit. Diese Verfasstheit des Seins kann im Werk ihren Stand nehmen und sich darin von ihr selbst her und als sie selbst in eben dieser Verfasstheit zeigen. Es wird schon deutlich, dass es sich im wesenhaften Als-es-selbst nicht um eine Metaebene der Reflexion handelt, sondern darum, dass etwas in sich gekehrt, kehrig, etwas ist und so ist, wie es ist. Wie aber geschieht das im Werk? Im Sinne des Werkseins des Werkes, das wesenhaft so ist, dass sich die Wahrheit als sie selbst im Werk einrichten kann. Die Wahrheit kann in einem Seienden, das so ist und darin dem Seins- und Wahrheitsgeschehen in besonderer Weise entspricht, ihren Stand nehmen und als sie selbst wesen.

Geschieht Wahrheit stets als das strittige Ineinander von Lichtung und zweifacher Verbergung, so ist das Werk von der Art, dass Lichtung und Verbergung nicht einfach geschehen, sondern dass der Streit eigens entfacht, eigens angestiftet wird. Im Werk ist dieser Streit und zeigt er sich als der Urstreit. Der Streit von Lichtung und Verbergung geschieht im Werk eigens, und das Offene des Streitraums wird in ihm eigens erstritten. Im Werk kann dieses Offene als es selbst wesen, das Werk hält das Offene als Offenes offen. In der Wahrheit des Werkes west die Wahrheit so, dass sich die Wahrheit als sie selbst in ihr eigenes Offenes einrichten kann. Das ist keine schlechte Tautologie, auch keine Metaebene oder Selbstreflexion, es ist die wiederum wesenhafte Kehrigkeit alles Eigenwesens und Seins, die Kehrigkeit, in der sich die Wahrheit als selbst kehrige wahrhaft in sich kehren kann, sich in das von ihr selbst eröffnete Offene einrichten kann.[31]

---

[31] Die Versuche, diese Kehrigkeit zu beschreiben, sind zahlreich, bedienen sich in der Regel wissenschaftlich-metaphysischer Ausdrücke und können

Bringt sich die Wahrheit im Werk jedoch derart in ihr eigenes Offenes, so kommt zugleich alles zu diesem Wahrheitsgeschehen Gehörige ebenfalls in das Offene, in die Wahrheit, zu sich selbst: das Werk, das Dasein, eine Welt und die Erde. Da sich die Wahrheit im Werk wesenhaft in sich kehren kann, wird im Werk dieses Offene der Wahrheit offen- und ausgehalten, wohinein der gesamte *Bereich* des Geschehens mit hineinsteht und das Dasein, eine Welt und die Erde jeweils als solche erscheinen.

6. Erde und Welt im Kunstwerk

Es ist unhintergehbar: Der Mensch steht auf der Erde und hat Welt, in der er sich daseiend bewegt. Wahrheit geschieht ständig, der Streit von Welt und Erde geschieht ständig. Damit Wahrheit jedoch als sie selbst wesen kann und Welt und Erde in ihr Innigstes kommen können, bedarf es des Werkes. Im Werk werden die immer Gegenwendigen, Erde und Welt, in den wesentlichen Streit gesetzt: „Die Welt trachtet in ihrem Aufruhen auf der Erde, diese zu überhöhen. Sie duldet als das Sichöffnende kein Verschlossenes. Die Erde aber neigt dahin, als die Bergende jeweils die Welt in sich einzubeziehen und einzubehalten."[32]

Das Werk ist die Anstiftung und die eigentliche Bestreitung dieses Streites, indem es als es selbst Erde und Welt in den höchsten Streit bringt, indem es eine Welt aufstellt und die Erde herstellt. In diesem Stellen[33] kommen Erde und Welt in die gegenseitige Selbst-

---

insofern bloß Verweise sein (vgl. beispielsweise van Reijen, Martin Heidegger, 79).
[32] Heidegger, Der Ursprung des Kunstwerkes, GA 5, 35.
[33] Heidegger betont in seinem *Zusatz* den Bezug von *Stellen* auf θέσις als „Aufstellen im Unverborgenen"; „Stellen als Erstehenlassen [...]. Stellen und Legen haben den Sinn von: *Her-* ins Unverborgene, *vor-* in das Anwesende bringen, d. h. vorliegenlassen" (Heidegger, Der Ursprung des Kunstwerkes, GA 5, 70); „Vorliegenlassen in seinem Scheinen und Anwesen" (Heidegger, Der Ursprung des Kunstwerkes, GA 5, 71). Aufschlussreich ist in diesem Zusammenhang der Bezug der Gestalt zum Stellen und Ge-Stell: „Was hier Gestalt heißt, ist stets aus *jenem* Stellen und Ge-stell zu denken, als welches das *Werk* west, insofern es sich auf- und herstellt" (Heidegger, Der Ursprung des Kunstwerkes, GA 5, 51). Im *Zusatz* wird das Ge-stell als Wesen der modernen Technik ausdrücklich von jenem Ge-stell als Gestalt und somit vom griechischen λόγος, der ποίησις und der θέσις her gedacht (vgl. Heidegger, Der

behauptung ihres Wesens,[34] indem sie in ihrem Streit in das Offene des Wahrheitsgeschehens des Werkes gebracht, gesetzt, gestellt werden. Diese Selbstbehauptung des Wesens von Welt und Erde im wesentlichen Streit ist ein Kommen in ihr Sein jedoch nur in der eigenen seinsgeschichtlichen Kehre. Die Selbstbehauptung von Welt und Erde ist „das Sichaufgeben in die verborgene Ursprünglichkeit der Herkunft des eigenen Seins. Im Streit trägt jedes das andere über sich hinaus."[35]

Erde und Welt kommen im Werk als in das Offene Auf- und Hergestellte, als wesenhaft Streitende, als In- und Auseinandergehörige zum Vorschein: Erde durchragt die Welt, Welt gründet sich auf die Erde. Der Mensch steht auf der Erde, er gründet sein Wohnen und seine Welt auf diese. Gleichzeitig ist die Erde ein schlechthin Gegebenes, ein unvordenklicher Grund und Mitgegebenes, worauf und woraus Welt und Dasein nur sein können. Als dieses schlechthin Gegebene, worauf der Mensch gestellt ist, als dieser unvordenkliche Grund, ist sie das wesenhaft Unerschließbare und Sichverschließende. Doch muss sich Welt auf und in der Erde gründen, um überhaupt erst Welt zu sein, um als Welt zu welten. Genau dies geschieht im Kunstwerk. Geschieht in diesem der wesentliche Streit von Welt und Erde, und geben sich diese darin „in die verborgene Ursprünglichkeit der Herkunft des eigenen Seins"[36] auf, so ist darin nichts anderes gesagt als der wesentliche und unhintergehbare Zusammen-Streit von Welt und Erde[37] und dessen Gründung in der Erde sowie sein Eigens-Gründen *in* die Erde.

Im Kunstwerk geschieht genau das. Der unaufhebbare, unhintergehbare und stets geschehende Streit von Welt und Erde wird zu sich selbst gebracht, indem das innige Streitgeschehen *eigens* in das

---

Ursprung des Kunstwerkes, GA 5, 72). Davon ausgehend kann auch der Bezug von Kunst und τέχνη und der Zusammenhang von erstem und anderem Anfang deutlich werden. Vgl. auch Günter Figal, Machen, was noch nicht da ist. Herstellung als Modell gegen und für die Metaphysik, in: Margarethe Drewsen (Hrsg.), Die Gegenwart des Gegenwärtigen. Festschrift für Gerd Haeffner zum 65. Geburtstag, Freiburg/München 2006, 128–137.
34 Vgl. Heidegger, Der Ursprung des Kunstwerkes, GA 5, 35.
35 Heidegger, Der Ursprung des Kunstwerkes, GA 5, 35.
36 Heidegger, Der Ursprung des Kunstwerkes, GA 5, 35.
37 Oliver Jahraus weist zu Recht durchgängig darauf hin, dass es sich hierbei nicht um Differenz handelt, sondern vielmehr – wenn auch metaphysisch ausgedrückt – um „Differenzlosigkeit als Einheit einer Differenz" (Jahraus, Martin Heidegger, 216 und 220).

Offene des Wahrheitsgeschehens gestellt wird, das heißt indem der Streit von Welt und Erde als sich-übertreibender in und auf die Erde zurückgestellt wird, in ihr eigens gegründet wird. Wie geschieht dieses Zurückstellen und Gründen? Im bewahrenden Schöpfen aus dem im Wahrheitsgeschehen offenen Streit von Welt und Erde, im bewahrenden Umgang mit der Erde als Sich-Verschließendem, in einem Reißen. Der wesenhafte Streit von Welt und Erde ist ein Riss.

Als solcher ist er Um-, Auf- und Grundriss.[38] Umriss insofern, als sich die Streitenden als Streitende in die Grenze der Einheit ihres Streites bringen. Aufriss insofern, als die Streitenden im wesentlichen Streit in der Selbstbehauptung ihres Wesens auseinandertreten und das Offene als Offenes freigeben, Grundriss insofern, als sich die Streitenden in diese Selbstbehauptung ihres Wesens hineinheben und sich gegenseitig über sich hinaus in ihren gemeinsamen Ursprung hineintreiben als „Sichaufgeben in die verborgene Ursprünglichkeit der Herkunft des eigenen Seins".[39]

Dieses geschieht in und mit der Erde. Sie ist dasjenige, wohinein der im Werk angestiftete Streit zurückgeborgen werden muss. In diesem Zurückbergen geschieht das vermeintlich Dinghafte, Stoffliche am Werk. Im Schaffen des Werkes wird die Erde als Erde bewahrt, in sie wird der Streit von Welt und Erde als Riss zurückgeborgen, in ihr ist die Gestalt des Risses, des Streites von Welt und Erde.

Darin, in dieser Gestalt, in der Gründung in die Erde, ist das Wahrheitsgeschehen festgestellt, ins Werk gesetzt als In-die-Gestalt-gebracht-Sein des wesentlichen Streites, als innige Versammlung der Bewegung. Aus diesem In-die-Gestalt-gebracht-Sein im Zurückstellen des Streites in die Erde können auch die weiteren Bezüge von Welt und Erde deutlich werden. Im Ins-Werk-gesetzt-Sein der Wahrheit durchragt Erde die Welt und Welt gründet sich auf die Erde. Die Erde erscheint als das schlechthin Gegebene-Unhintergehbare, als Entschiedenes, als Sich-stets-Verschließendes, worauf und worin sich die Welt im wesenhaften Wahrheitsgeschehen gründet und gründen muss.

Sind Erde und Welt zwar stets, so kommen sie jedoch nicht in ihrer wesenhaften Zusammengehörigkeit als wesenhafter Streit zum Vorschein. Dies geschieht im Kunstwerk. Was das Kunstwerk dem Schaffenden wie dem Bewahrenden aufgibt, ist nichts als die Ent-

---

[38] Vgl. Heidegger, Der Ursprung des Kunstwerkes, GA 5, 51.
[39] Heidegger, Der Ursprung des Kunstwerkes, GA 5, 35.

sprechung auf dieses Zusammen-und-sich-gegenseitig-heraus-Streiten von Welt und Erde. Aus diesen Überlegungen heraus kann angedeutet werden, was im Zusammen dieses Streites von Welt und Erde geschieht, wie Welt und Erde im Werk sind.

7. Ansprüche des Kunstwerkes

Die Schwierigkeiten dabei sind jedoch enorm: Einerseits wird vor allem Welt im Kunstwerkaufsatz kaum ausgeführt, zum anderen wird aber deutlich, dass im strittigen Ineinander von Welt und Erde im Werk das Ganze dessen angedeutet ist, was Seinsgeschehen und Seinsgeschichte meint. Wir können hier nur tastend vorgehen, indem wir uns zunächst nochmals den Anfang vergegenwärtigen. Wahrheit geschieht als der Urstreit von Lichtung und zweifacher Verbergung. In diesem sind Welt und Erde in den Streit gesetzt. Das Kunstwerk stiftet diesen Streit *eigens* an, bringt ihn in den Riss, in die Gestalt und stellt ihn darin als Versammlung der Bewegung fest. Im Werk wird der Streit von Welt und Erde eigens in und auf die Erde gegründet. Als was erscheinen nun Welt und Erde im Kunstwerk?

Welt zu haben bedeutet, sich im Offenen des Seienden aufzuhalten. Im Werk wird eine Welt aufgestellt, und zwar in der Einheit des Streites mit der Erde und als auf und in der Erde Gegründetes. Im Werk geht die Erde „als das alles Tragende, als das in sein Gesetz Geborgene und ständig Sich-Verschließende"[40] auf. In der Einheit des Streites von Welt und Erde und im Gegründetsein in der Erde muss die im Werk aufgehende Welt „das noch Unentschiedene und Maßlose zum Vorschein [bringen] und [...] so die verborgene Notwendigkeit von Maß und Entscheidung"[41] eröffnen. Diese Notwendigkeit von Maß und Entscheidung zeigt sich im Streit von Welt und Erde und aus diesem heraus. In ihm kommt das Nichtbewältigte, Verborgene, Beirrende zum Vorschein, worauf sich das Entscheiden überhaupt gründet. Gründet in dem Sinne, dass ohne dieses Zum-Vorschein-Kommen des Nichtbewältigten, Verborgenen, Beirrenden zum einen kein Entscheiden als not-wendig erscheint, und zum anderen in dem Sinne, dass sich dieses Verborgene gerade aus der

---

[40] Heidegger, Der Ursprung des Kunstwerkes, GA 5, 50–51.
[41] Heidegger, Der Ursprung des Kunstwerkes, GA 5, 50.

Erde herausspielt, worin der Streit von Welt und Erde gründet und wohinein das Werk den Streit eigens reißt.

Diese Entscheidung muss jedoch *in* einem Bereich und aus diesem heraus geschehen, der sich erst von der Welt *als* im wesentlichen Streit herausgestrittener her eröffnet: im Bereich der „wesentlichen Weisungen, in die sich alles Entscheiden fügt".[42] Weisungen, die im wesentlichen Streit von Welt und Erde erscheinen. Doch nicht nur die Weisungen, in die sich das Entscheiden fügen muss und in die hinein das Entscheiden geschieht, werden gelichtet, sondern die Welt im Werk ist „die Lichtung der Bahnen der wesentlichen Weisungen".[43] In den Bahnen kommt das geschichtliche Herkommen und Hineingehen des wesentlichen Streites zum Vorschein.

8. Die Eröffnung der geschichtlichen Dimension im Kunstwerk

Die Entscheidung, die die Welt im Kunstwerk für sich fordert, kommt aus der in der Welt eröffneten Dimension wesentlicher Weisungen hervor und geht in sie hinein. Diese Dimension ist das Geschick. Die Bahnen der Entscheidungen sowie die Weisungen, in die sich das Entscheiden fügen muss, kommen aus geschichtlich-geschicklich erfolgten Entscheidungen, aus geschichtlichen Bestreitungen des Streits von Welt und Erde und *im Grunde* von den aus der Ursprünglichkeit des ersten Anfangs geschehenen Entscheidungen her – dieses Herkommen jedoch nicht im Sinne einer Ableitung oder Folge, sondern im Sinne einer Eröffnung der geschichtlichen Dimension als solcher und mit ihr der geschichtlichen Wahrheitsgeschehnisse als Bestreitungen des Streits, in die hinein diese Entscheidungen gehören.

Im Streit von Welt und Erde im Kunstwerk gehen in der Dimension des Geschickes als Bahnen der Weisungen die Entscheidungen und ursprünglichen Entschiedenheiten von dem ersten Anfang her auf als dasjenige, woher und worin der jetzige Streit erst ist. Das Kunstwerk eröffnet im Aufstellen einer Welt und dem Herstellen der Erde die (seins-)geschichtliche Dimension als solche: „Die Welt ist die sich öffnende Offenheit der weiten Bahnen der einfachen und wesentlichen Entscheidungen im Geschick eines geschichtli-

---

[42] Heidegger, Der Ursprung des Kunstwerkes, GA 5, 42.
[43] Heidegger, Der Ursprung des Kunstwerkes, GA 5, 42.

Heidegger und die Literatur

chen Volkes."[44] In der Offenheit der *Bahnen* der Ent-scheidungen[45] kommt das geschichtlich Unentschiedene, das Nicht-Entschiedene, das, was hätte entschieden werden können, in der ganzen Dimension der Bestreitungen des Streites als geschichtliche von ihrem Ursprung her zum Vorschein.

Als die Bestreitung des Streits von Welt und Erde ist das Kunstwerk dasjenige, worin sich die geschichtliche Dimension eröffnet und sich der bestrittene Streit als solcher, als eine geschichtliche Entscheidung fordernder, zeigt. Dieser Streit im Kunstwerk ist zugleich derjenige, in dem und aus dem heraus so etwas wie ein Volk als geschichtliches überhaupt erscheinen kann, in dem sich ein Volk aus seinem Geschick als ein solches begreifen kann und worin es überhaupt erst gestiftet werden kann. Volk ist kein von vorneherein fest bestimmtes statisches Gebilde in Abgrenzungen zu anderen Völkern, es ist weder territorial noch genetisch oder gar rassisch gegründet, sondern meint das Stehen in einem gemeinsamen geschichtlichen Geschick, das sich, neben den anderen Weisen des Seinsgeschehens, im Wahrheitsgeschehen des Kunstwerkes eröffnet.[46]

Das Kunstwerk stellt in weit reichender, radikal geschichtlicher Hinsicht in eine Entscheidung, und auch in diesem Sinne ist das Kunstwerk Stiftung, als Schenkung, als Gründung und als Anfang. Im Kunstwerk eröffnet sich die Dimension des Geschickes, in das hinein die geschichtlichen Bestreitungen des Streits von Welt und Erde gehören. Diese geschichtlichen Bestreitungen des Streits, die sich im Werk ursprünglich mitsamt dem Unentschiedenen, dem Nicht-Entschiedenen, dem Nicht-so-Entschiedenen eröffnen, geben als solche, als Geschehnisse der Wahrheit, die ihnen eigene Dimension des Geschickes frei und bilden diese aus. Dahinein gehört das Kunstwerk als Geschehen der Wahrheit, das die Schaffenden wie die Bewahrenden in die wesentlichen Entscheidungen in ihrem

---

44 Heidegger, Der Ursprung des Kunstwerkes, GA 5, 35.
45 Auch hier der kehrige, in sich strittige Bezug des Auseinander (Scheidung) und Zusammen (Ent- nicht nur, aber auch als Negation der Scheidung), der einer substanzhaft-abgrenzenden und vorbestimmten Auffassung *eines Volkes* zuwiderläuft.
46 Vgl. Heidegger, Der Ursprung des Kunstwerkes, GA 5, 55: „Die Bewahrung des Werkes vereinzelt die Menschen nicht auf ihre Erlebnisse, sondern rückt sie ein in die Zugehörigkeit zu der im Werk geschehenden Wahrheit und gründet so das Für- und Miteinandersein als das geschichtliche Ausstehen des Da-seins aus dem Bezug zur Unverborgenheit".

Geschick und in ihr Geschick setzt und ihnen dieses Geschick und diese Entscheidungen aufgibt.

Die Stätte, an der sich dieses geschichtliche Wahrheitsgeschehen abspielt, ist ein Volk. Volk meint „Geschichts-stätte".[47] Die Seinsweise des griechischen Volkes war die πόλις. Bevor Heidegger in seiner *Einführung in die Metaphysik* nennt, was in die „Geschichtsstätte" der πόλις gehört, „die Götter, die Priester, die Tempel", umreißt er die seinsgeschichtliche Bedeutung der πόλις, die sich in die Zusammenhänge fügt, in denen der Begriff des Volkes im Kunstwerkaufsatz genannt wird: „Eher [denn Staat oder Stadtstaat] heißt πόλις die Stätte, das Da, worin und als welches das Da-sein als geschichtliches ist. Die πόλις ist die Geschichtsstätte, das Da, *in* dem, *aus* dem und *für* das Geschichte geschieht."[48]

Es ist deutlich, inwiefern sich *Der Ursprung des Kunstwerkes* bereits in der Dimension der Seinsgeschichte bewegt und das erst später von Heidegger explizit Gedachte, das Ereignis, das Ge-Stell, das Geviert, die Sage, die Kehre, der erste und der andere Anfang, bereits hier an-wesend sind. Gerade darin zeigt sich dieses Denken selbst als seins-geschichtliches im vollen Sinne, als die Dimension der Seinsgeschichte, ihre wesentlichen Entscheidungen von den Ursprüngen her und als ursprüngliche eröffnend und so in eine geschichtliche Entscheidung stellend. Sicherlich kann dies als konsequent oder performativ bezeichnet werden, doch markiert dies eine wissenschaftlichmetaphysische Außenperspektive, die diesem Denken auch immer schon nicht gerecht wird. Vielmehr – und das gilt es immer wieder zu sagen, gerade weil dies im Mitvollzug des Denkens als Geschehen geschieht – *ist dieses Denken das, was es sagt*; auch dies nicht im Sinne einer Autonomie, einer Immunisierung oder hergestellten Performanz, sondern als *Evidenz,* als Hervorleuchten des Gesagten im Gesagten, als Seins-Sage, als Sprache und Sein von der Sprache und dem Sein her: als ur-sprüngliche Nicht-Unterscheidung von Sage und Sein, Sprechen und Tun, Theorie und Praxis.

---

[47] Heidegger, Einführung in die Metaphysik, GA 40, 161.
[48] Heidegger, Einführung in die Metaphysik, GA 40, 161.

Johann Kreuzer

Wozu Dichter?
Das Gespräch mit Rilke und Hölderlin

1.

Wozu Dichter? – das ist der Titel eines Vortrags, den Martin Heidegger zum Andenken an Rilkes zwanzigsten Todestag im engsten Kreis gesprochen hat. Dass er im engsten Kreis vorgetragen wurde, federt vielleicht die Provokation, die er enthält, etwas ab. Denn Heidegger misst Rilkes Dichtung an der durch Hölderlin erreichten Sprachwirklichkeit – und es ist klar, was bei diesem Maßanlegen der Maßstab ist und wer dabei den Kürzeren zieht.

Man könnte sagen: Heidegger formuliert Hölderlins Aktualität mit oder via Rilke. Die Frage „Wozu Dichter?" geht von Hölderlin aus und führt am Ende auf ihn hin. Diese Art des Gesprächs zeigt der Vortrag schon rein äußerlich. Er beginnt mit Hölderlin – mit einer berühmten Wendung aus der Elegie *Brod und Wein* – und kehrt am Schluss zu Hölderlin zurück. Dazwischen geht es um Rilke. *Dazwischen* steht das Gespräch in Form einer Auseinandersetzung mit Rilke.

Dieses Gespräch lässt sich in elf klar konturierte Abschnitte gliedern: In Teil 1 wird das Thema exponiert; in Teil 2 wird Rilke der Frage unterworfen, inwiefern er „Dichter in dürftiger Zeit" ist; ab Teil 3 weitet sich die Untersuchung dieser Frage zu einem philosophiegeschichtlichen Rückgriff aus. Dieser beginnt mit der Frage nach der ἀρχή des Erscheinenden, nach jenem logischen Zentrum, das der Erscheinungswelt zur „Mitte" wird – hier flicht Heidegger in Teil 5 einen Abschnitt zur Semantik des Herstellens ein, das im Machen und der Machenschaft kulminiert: dabei werden Diagnosen formuliert beziehungsweise antizipiert, die Entwicklungen vorwegnehmen, von denen die Gegenwart der globalisierten Logik des

Marktes zeugt.[1] Dies leitet sozusagen bruchlos in Teil 6, in Bemerkungen zur Frage der Technik, über. Der Machenschaft der Technik wiederum lässt sich allein (wenn überhaupt etwas) denkende Besinnung oder die Besinnung des Denkens entgegenstellen – dies beginnt mit und bei Parmenides (Teil 7) und, hier mutet uns Heidegger eine Art Parforceritt zu, führt zur Opposition von *res cogitans* und *res extensa* bei Descartes. Teil 8 gilt der dem cartesianischen psycho-physischen Dualismus entgegengestellten *Logik des Herzens* im Namen ihres Fürsprechers Pascal. Diese Logik des Herzens begründet den *Welt-Innenraum,* mit und in dem die Verlusterfahrungen eines vergegenständlichten Naturbezuges aufgehoben sein sollen.[2] Die dem folgende Entwicklung der Gegenüberstellung eines Weltinnenraums gegen einen vergegenständlichten Naturbezug kulminiert (Teil 9) bei Rilke, dessen Sprachauffassung einer „weltischen Präsenz" gilt:[3] Gesang wird zum Dasein, das die Dichter „im Heillosen" des Schutzloseins wagen (Teil 10).[4] Doch – fragt Heidegger zurück –: Ist es wirklich die Bestimmung dichterischer Sprache, die Welt des Gesangs und mit ihr einen Weltinnenraum der realen Welt, der antagonistischen bürgerlichen Realität, bloß gegenüberzustellen? Wohl nicht. Deshalb kehrt Heidegger mit der Beantwortung der Frage „Wozu Dichter?" in Teil 11 zu Hölderlin zurück, bei dem diese Frage in originärer Weise gestellt wird und zugleich die ihr gemäße Bestimmung findet.

Das war nun selbst ein Parforceritt durch Heideggers Vortrag. Heidegger stellt seinen Vortrag unter das Motto einer Frage, die sich in der siebten Strophe der Reinschrift von Hölderlins Elegie *Brod und Wein* findet. In ihr geht es, mythologisch gesprochen, um das Ende des antiken Göttertags, das sich (für Hölderlin) mit der in Christus als erfüllt geglaubten Herabkunft des Göttlichen vollendet. So heißt es: „er kam auch selbst und nahm des Menschen Gestalt an / Und vollendet und schloß tröstend das himmlische Fest. // Aber Freund! Wir kommen zu spät. Zwar leben die Götter / Aber über dem Haupte droben in anderer Welt."[5] Im Hinblick auf die ‚Zwi-

---

[1] Vgl. Heidegger, Wozu Dichter?, GA 5, 292; vgl. auch Anmerkung 25 und 26 dieses Aufsatzes.
[2] Vgl. Heidegger, Wozu Dichter?, GA 5, 306.
[3] Heidegger, Wozu Dichter?, GA 5, 311.
[4] Heidegger, Wozu Dichter?, GA 5, 319.
[5] Friedrich Hölderlin, Brod und Wein. Erste Fassung, in: Sämtliche Werke

schenzeit' einer nicht bloß gedachten, sondern sinnlich sich zeigenden Parusie der „göttlichen Fülle" formuliert dann Hölderlin:[6] „Indessen dünket mir öfters / Besser zu schlafen, wie so ohne Genossen zu seyn, / So zu harren und was zu thun indeß und zu sagen, / Weiß ich nicht und wozu Dichter in dürftiger Zeit?"[7] Eine der Präsenz des Göttlichen beziehungsweise der göttlichen Begeisterung verlustig gegangene Gegenwart ist sinnleer – oder vielleicht besser: sinnmatt – geworden.[8]

Nun gibt es verschiedene Formen der Präsenz göttlicher Sinnevidenz. Allen gemeinsam aber ist, dass sie nichts Solitäres sind, sondern auf individuell geteilte Verbindlichkeit zielen. Individuell geteilte Verbindlichkeit ist *Genossenschaft*. Fehlt diese, ist (nicht nur) das Ich des Gesangs auf den mit dieser – gewussten und/oder ersehnten – Verbindlichkeit gegebenen Anspruch zurückgeworfen. Die dann fehlende Genossenschaft macht umgekehrt auf die Notwendigkeit der Sprache aufmerksam – wenn denn Sprache der Akt und die Gegebenheit jener Verständigung ist, die das „göttliche Gut" teilen lässt und erfüllt, wovon es heißt: „Allen gemein, doch jeglichem auch ist eignes beschieden, / Dahin gehet und kommt jeder, wohin er es kann."[9] Hölderlins Sensorium für die fehlende Genos-

---

und Briefe. Münchner Ausgabe (im Folgenden: MA), hrsg. von Michael Knaupp, Band I, München 1992, 372–383, hier 378, Vers 107–110.
[6] Vgl. Hölderlin, Brod und Wein. Erste Fassung, MA 1, 378, Vers 114.
[7] Hölderlin, Brod und Wein. Erste Fassung, MA 1, 378, Vers 119–122. Auf die späten Überarbeitungen, die Hölderlin an der Reinschrift von *Brod und Wein* vorgenommen hat und die wohl einer Neufassung der Elegie unter dem Titel *Die Nacht* dienten, kann hier nicht eingegangen werden; vgl. dazu Friedrich Hölderlin, Brod und Wein. Zweite Fassung, MA 1, 373–383, besonders 379; vgl. auch Anmerkung 9 dieses Aufsatzes.
[8] Für eine auch nur annäherungsweise Deutung der Elegie, insbesondere der Überlegungen zur Götternacht oder Götterferne als einer zu diskutierenden Zwischenzeit, ist hier nicht der Ort. Einige Überlegungen folgen im vierten Abschnitt dieses Aufsatzes.
[9] Hölderlin, Brod und Wein. Zweite Fassung, MA 1, 374, Vers 45–46. In der Überarbeitung der Reinschriftfassung von *Brod und Wein* heißt es in der vierten Strophe von den Augenblicken göttlicher Sinnevidenz: „allgegenwärtigen Glücks voll // [...] kommet der Gott. Unt liegt wie Rosen, der Grund / Himmlischen ungeschikt, vergänglich, [...] // Die aber deuten dort und da und heben die Häupter / Menschen aber, gesellt, theilen das blühende Gut"; zitiert nach der Frankfurter Hölderlin-Ausgabe, die aus der späten Überarbeitung eine den geschichtspoetologischen Anspruch der ‚klassischen' fünften Fassung radikalisierende sechste Fassung konstituiert: Friedrich Höl-

senschaft im Hinblick auf einen geteilten Gemeinsinn war im Übrigen nicht der geringste Impuls, der ihn in den 60er Jahren und zu Beginn der 70er Jahre des 20. Jahrhunderts hat wiederentdeckt und zum ‚Zeitgenossen' werden lassen. Hier fanden sich die Bezüge für das Verstehen der eigenen Zeit und Gegenwart – ganz im Sinne Heideggers, für den das Gespräch mit Hölderlin mit einer „Zukunft" zu tun hat, die in der „Ankunft seines Wortes [...] anwest".[10]

Welche Bedeutung Heidegger dieser Besinnung auf die bei Hölderlin erreichte Sprachwirklichkeit zugesprochen hat, wird an einigen Selbstkommentaren deutlich.

2.

Zwar oft zitiert, aber gerade für den hier zu besprechenden Zusammenhang bedeutsam sind die Feststellungen im Spiegel-Gespräch 1966: „Mein Denken steht in einem unumgänglichen Bezug zu Hölderlins Dichtung. Ich halte Hölderlin nicht für irgendeinen Dichter, dessen Werk die Literaturhistoriker neben vielen anderen auch zum Thema machen. Hölderlin ist für mich der Dichter, der in die Zukunft weist, der den Gott erwartet und der somit nicht nur ein Gegenstand der Hölderlin-Forschung in den literaturhistorischen Vorstellungen bleiben darf."[11] Das ist das exoterische Bekenntnis zu jenem Programm, das Heidegger in den 30er Jahren – als Selbstkorrektor sowohl der „Verunglückung" des *Sein und Zeit*-Programms als auch der Verstrickung in den Nationalsozialismus[12] – in den *Beiträgen zur Philosophie* notiert hat und durch das er in der „Zwiesprache mit dem Dichten" Hölderlins „im Gesagten seiner Dichtung

---

derlin, Brod und Wein. Konstituierter Text VI, in: Sämtliche Werke. Frankfurter Ausgabe (im Folgenden: FHA) Band 6, hrsg. von Dietrich E. Sattler und Wolfram Groddeck, Frankfurt am Main 1976, 258–262, hier 259, Vers 63–70. Vgl. auch Wolfram Groddeck, Elegien. Die Revision der drei letzten Elegien, in: Johann Kreuzer (Hrsg.), Hölderlin-Handbuch, Stuttgart/Weimar 2002, 332–335. Die Gnome „Allen gemein, doch jeglichem auch ist eignes beschieden" bildet die Mitte der dritten Strophe.
[10] Heidegger, Wozu Dichter?, GA 5, 320.
[11] Spiegel-Gespräch mit Martin Heidegger (23. September 1966), GA 16, 678.
[12] Vgl. Günter Figal, Martin Heidegger zur Einführung, vierte Auflage, Hamburg 2003, 60, 94, 111–129 und 136–152; vgl. ferner Otto Pöggeler, Heidegger in seiner Zeit, München 1999, 205–216.

Wozu Dichter? Das Gespräch mit Rilke und Hölderlin 77

das Ungesprochene zu erfahren" sucht.[13] Hölderlin fungiert als „das erste Daß der Seynsgeschichte im Übergang von der Metaphysik in das Erdenken des Seyns".[14] In diesem Sinn heißt es in den *Beiträgen*, dass „die jetzt und künftig wesentliche Fassung des Begriffes der Philosophie" ganz von Hölderlin her zu begreifen ist:[15] „Die geschichtliche Bestimmung der Philosophie gipfelt in der Erkenntnis der Notwendigkeit, Hölderlins Wort das Gehör zu schaffen."[16] Das Gespräch mit Hölderlin ist die Besinnung auf die Verbindlichkeit seiner Sprache. Dass die geschichtliche Bestimmung der Philosophie in der Erkenntnis der Notwendigkeit gipfele, Hölderlins Wort – der Sprachwirklichkeit, die bei ihm erreicht ist – das Gehör zu verschaffen, ist zugleich Ergebnis einer Entwicklung. Es ist die Antwort auf die innere Verfasstheit der Geschichte des Denkens, die Heidegger auf ihre Quellen hin befragt.

Diese Antwort wiederum hat mit der Erkenntnis dessen zu tun, was Natur heißt und was als Natur zu verstehen ist. Dass Natur sich – neuzeitlich – in jener *ersten* Natur erschöpfe, die wir in der *zweiten* Natur der Geschichte als Ressource benutzen, ist irrig. Es führt in jene Irre, deren katastrophisches Szenario zu jenem Datum geworden ist, in dem wir uns gerade zu Beginn des 21. Jahrhunderts bewegen. Es ist das Szenario eines Schwankens oder Hin- und Herirrens zwischen den Vorstellungen erster und zweiter Natur. Ihm setzt Hölderlin – und im Anschluss an ihn Heidegger – entgegen, dass sich dasjenige, was Natur *ist*, gerade in der Geschichte ihres Erscheinens zeigt. Natur ist nicht das Andere des Geistes, auf das dieser sich dann noch bezieht – sei es als bloße Ressource oder zu Zwecken technischer Beherrschung, sei es, um dieses Objekt „mythisch" aufzuladen, so Heidegger emphatisch: „Wie lange noch wollen wir meinen, es gäbe zunächst eine Natur an sich und eine Landschaft für sich, die dann mit Hilfe von ‚poetischen Erlebnissen' mythisch gefärbt werde?"[17] Natur ist nicht das Andere des Geistes, auf das sich der Geist „dann noch" bezieht, sondern der Bezug, in dem er sich vorfindet. Deshalb ist sie nicht *vor* der Geschichte – und auch kein

---

13 Heidegger, Wozu Dichter?, GA 5, 273.
14 Heidegger, Beiträge zur Philosophie, GA 65, 463.
15 Vgl. Heidegger, Beiträge zur Philosophie, GA 65, 421.
16 Heidegger, Beiträge zur Philosophie, GA 65, 422; vgl. dazu auch Heidegger, Brief über den Humanismus, GA 9, 318.
17 Heidegger, Erläuterungen zu Hölderlins Dichtung, GA 4, 21.

geschichtsloses Jenseits von Geschichte –, sondern die Bezugsvielfalt der Physis, die sich als Geschichte zeigt und in diesem Sich-Zeigen als Natur begriffen werden muss: „Das *Natürliche* eines geschichtlichen Volkes ist erst dann wahrhaft Natur, [...] wenn das Natürliche zum Geschichtlichen seiner Geschichte geworden" ist.[18] Die zweite Natur der Geschichte ist also in Wahrheit die erste.[19]

Hölderlin sieht oder begreift, dass Geist keine Instanz jenseits des Endlich-Kreatürlichen ist, sondern nichts anderes als die Selbstbesinnung endlicher Natur selbst, die durch keine externe Instanz garantiert ist. Wenn diese Selbstbesinnung durch keine externe Instanz – *Geist* – garantiert ist, dann braucht sie eine Form, eine Objektivation. Diese Objektivation ist Sprache. Sprache kommt der Natur nicht noch hinzu. Als Sprache stellt sich vielmehr dar, was uns in der Natur über Natur – als bloße Macht, als bloße Gewalt – hinaus sein lässt. Sprache ist, anders gesagt, das der Natur innewohnende Moment von Transzendenz: in ihrem Erscheinen sich fassende Natur. In der Sprache bricht sich das Schweigen natürlichen Bedeutens. Sprache: diese erfüllt sich als *Kehre* – Wiederkehr und Wendung (*Vers*) – der Stille, in der sich die stumme Sprache der Natur zeigt. In diesem Sinn heißt es in Hölderlins *Friedensfeier*: „Viel hat von Morgen an / Seit ein Gespräch wir sind und hören voneinander, / Erfahren der Mensch".[20] Die Feststellung, dass „ein Gespräch wir *sind*" – also die Sprache nicht allein *haben,* um sie zu benutzen –, hatte Hölderlin wenige Verse zuvor vorbereitet durch die Wendung: „Schiksaalgesez ist diß, daß Alle sich erfahren, / Daß, wenn die Stille kehrt, auch eine Sprache sei."[21] Sprache ist Wiederkehr der – sich fassenden – Stille. *Sprache* – das ist nicht bloß das Medium, in dem wir etwas erfahren, Sprache ist vielmehr die Wirklichkeit, in der sich der Mensch erfährt. Was sich nicht wie etwas sagen lässt, teilt sich durch Sprache mit: Im

---

[18] Heidegger, Erläuterungen zu Hölderlins Dichtung, GA 4, 88.
[19] Vgl. die ‚klassische' Definition von Marx: „Wir kennen nur eine einzige Wissenschaft, die Wissenschaft der Geschichte. Die Geschichte kann von zwei Seiten aus betrachtet, in die Geschichte der Natur und die Geschichte der Menschen abgeteilt werden. Beide Seiten sind indes nicht zu trennen" (Karl Marx / Friedrich Engels, Die deutsche Ideologie, in: Werke (im Folgenden: MEW) Band 3, vierte Auflage, Berlin 1969, 9–530, hier 18).
[20] Friedrich Hölderlin, Friedensfeier. Reinschrift, MA 1, 361–366, hier 364, Vers 91–93.
[21] Hölderlin, Friedensfeier. Reinschrift, MA 1, 364, Vers 83–84; vgl. auch Heidegger, Erläuterungen zu Hölderlins Dichtung, GA 4, 38–40.

Gesagten der Dichtung wird das durch die Kunst der Sprache sich zeigende Ungesprochene erfahren.[22] Hölderlin ist der erste, bei dem sich diese Kunst selbst zur Sprache gebracht findet. *Deshalb* – und damit haben wir begonnen – gipfelt für Heidegger die „geschichtliche Bestimmung der Philosophie [...] in der Erkenntnis der Notwendigkeit, Hölderlins Wort das Gehör zu schaffen."[23]

3.

Und Rilke? – Ihn liest Heidegger in dreifacher Perspektive.

(1) In Rilkes Dichtung artikuliert sich der Stand des Bewusstseins zu Beginn des 20. Jahrhunderts. Er ist der Dichter, in dem das Erbe des wissenschaftsgläubigen und an seiner Wissenschaftsgläubigkeit zugleich irre gewordenen 19. Jahrhunderts sich ausspricht – Rilkes Dichtung bleibe, so Heidegger, „von der abgemilderten Metaphysik" Nietzsches „überschattet".[24] Insofern ist sie zeitgemäß. Dazu gleich mehr.

(2) An Rilke erarbeitet sich Heidegger die Subschichten der gesellschaftlichen Verfasstheit des Bewusstseins – des Geistes, hätte Hegel gesagt –, die die Restmoderne der Neuzeit zu Beginn des 20. Jahrhunderts kennzeichnen. Rilkes Dichtung reagiert sowohl auf diese Subschichten – das ist gewissermaßen der Jugendstil – wie auch auf die Melancholie des Protestes gegen die Verfasstheit der Welt, die hier zur Sprache findet. Aber genau als dieser ästhetisierende Protest bleibe Rilkes Dichtung den erwähnten Subschichten verhaftet. Sie charakterisiert Heidegger in einer Weise – und mit ihr jenen Status quo vergesellschafteten Daseins, der mittlerweile zur globalisierten Ratio kapitalistischer Marktprinzipien geworden ist –, die sich anhört, als habe er in extenso Marx studiert. Das Katastrophenszena-

---

22 Vgl. Anmerkung 13 dieses Aufsatzes; vgl. auch Heideggers – auf Proklos' *De philosophia chaldaica* – beruhende Feststellung: „Das Wesen der Logik [...] ist daher die Sigetik" (Heidegger, Beiträge zur Philosophie, GA 65, 79; vgl. Proklos, De philosophia chaldaica 4.18, hrsg. von Albert Jahn, Halle 1891, 4).
23 Heidegger, Beiträge zur Philosophie, GA 65, 422, vgl. auch 463; vgl. ferner Heidegger, Brief über den Humanismus, GA 9, 318.
24 Vgl. Heidegger, Wozu Dichter?, GA 5, 286: „Erst recht liegt der Gedanke des Offenen [...] außerhalb der Dichtung Rilkes, die von der abgemilderten Metaphysik Nietzsches überschattet bleibt."

rio, das sich hier als Produkt neuzeitlicher Rationalität zeigt, wird mit dem Koordinatensystem „moderne Wissenschaft – totaler Staat – Funktionäre der Technik" beschrieben.

Der Sache nach werden die Marx-Allusionen in folgendem Passus überdeutlich: „An die Stelle dessen, was der einst gewahrte Weltgehalt der Dinge aus sich verschenkte, schiebt sich immer schneller, rücksichtsloser und vollständiger das Gegenständige der technischen Herrschaft über die Erde. Sie stellt nicht nur alles Seiende als ein Herstellbares im Prozeß der Produktion auf, sondern sie stellt die Produkte der Produktion durch den Markt zu. Das Menschliche des Menschen und das Dinghafte der Dinge löst sich innerhalb des sich durchsetzenden Herstellens in den gerechneten Marktwert eines Marktes auf, der […] als Weltmarkt die Erde umspannt […] und so alles Seiende in das Handeln eines Rechnens bringt, das dort am zähesten herrscht, wo es der Zahlen nicht bedarf."[25] Das ist nicht nur hellsichtig, sondern von unabweisbarer Aktualität.

Marx hatte mit seinen Überlegungen zu den ‚theologischen Mucken' der Ware, der die Verkehrung von Gebrauchswert und Tauschwert nicht mehr anzusehen sind, die Grundstruktur jenes Warenfetischismus analysiert, der in der Folge der gesellschaftlichen Entwicklung und der Durchrationalisierung aller Lebensbereiche nicht mehr eine allein ökonomische Kategorie geblieben, sondern auch in andere Bereiche der Lebenswelt ausgewandert ist.[26] Die Herrschaft des *gerechneten Marktwerts* bezieht sich nicht mehr nur auf die Gegenstände der Arbeit, sondern verleibt sich auch die Bewusstseinsformen ein – und zwar gerade die, die meinen, jenseits der kruden Welt verdinglichter Formen der Tätigkeit zu stehen. Die Reduktion menschlicher Verkehrformen auf das sich selbst zur Erfüllung werdende Rechnen und Berechnetwerden von Tauschwerten wie auf das Funktionieren in definierten Regelkreisen ist eine metaphysische Grundeinstellung, die dem Koordinatensystem „moderne Wissenschaft – totaler Staat – Funktionäre der Technik" sowohl zugrunde liegt wie sich in ihm ausprägt.

Doch zurück zu Rilke – und zur dritten Perspektive, in der Heidegger ihn liest. (3) Diese dritte Perspektive ist die Frage nach seiner Dichtung im Hinblick auf die bei Hölderlin erreichte Sprachwirk-

---

[25] Heidegger, Wozu Dichter?, GA 5, 292.
[26] Vgl. Karl Marx, Der Fetischcharakter der Ware und sein Geheimnis, MEW 23, Berlin 1972, 85–98.

Wozu Dichter? Das Gespräch mit Rilke und Hölderlin 81

lichkeit. Rilke wird zum Zeugen der das Vertrauen zu sich verloren habenden Paradigmen des (,bürgerlichen') 19. Jahrhunderts. Er habe die „seit der Vollendung der abendländischen Metaphysik durch Nietzsche [...] geprägte Unverborgenheit des Seienden in seiner Weise dichterisch erfahren und ausgestanden. Wir sehen zu, wie sich für Rilke das Seiende als solches im Ganzen zeigt. [...] Zur Auslegung der Elegien und Sonette sind wir nicht vorbereitet; denn der Bereich, aus dem sie sprechen, ist in seiner metaphysischen Verfassung und Einheit noch nicht hinreichend aus dem Wesen der Metaphysik gedacht. Dies zu denken, bleibt aus zwei Gründen schwierig. Einmal weil Rilkes Dichtung in der seinsgeschichtlichen Bahn nach Rang und Standort hinter Hölderlin zurückbleibt. Sodann weil wir das Wesen der Metaphysik kaum kennen und im Sagen des Seins unbewandert sind."[27] Die Frage, ob diese harte Beurteilung Rilke gerecht wird, ist nicht Gegenstand dieser Überlegungen. Viel wichtiger als das attestierte ,Zurückbleiben' dürfte aber auch sein – wodurch Rilke wiederum ,Gerechtigkeit' widerfährt –, dass Heidegger mit ihm der Frage „Wozu Dichter?" im Angesicht des Standes des Bewusstseins zu Beginn des 20. Jahrhunderts nachgeht – und hier kommen die unter (1) und (2) genannten Perspektiven ins Spiel. Rilkes Dichtung ist zeitgemäß: Mit ihr lässt sich die Frage „Wozu Dichter in dürftiger Zeit?" angesichts der Gegenwart neu präzisieren.

Heidegger formuliert das mit verschiedenen Leitworten, die Rilkes Dichtung – in der Artikulation eines Weltinnenraums angesichts einer heillos dem Sich-Verrechnen von Tauschwerten ausgesetzten Welt – durchziehen. Diese „Grundworte" entnimmt Heidegger dem Gedicht *Wie die Natur die Wesen überläßt*.[28] Das erste dieser Grundworte ist *Natur* als *Urgrund*. Rilke nenne „die Natur, inso-

---

[27] Heidegger, Wozu Dichter?, GA 5, 275–276.
[28] Vgl. Heidegger, Wozu Dichter?, GA 5, 275: „Wir nehmen [...] einige Grundworte der gültigen Dichtung Rilkes" als „Merkpfähle auf dem Pfad" der Frage, wie weit der Gesang reicht. Das Gedicht Rilkes, auf das sich Heidegger bezieht, findet sich zitiert in: Heidegger, Wozu Dichter?, GA 5, 277: „Wie die Natur die Wesen überläßt / dem Wagnis ihrer dumpfen Lust und keins / besonders schützt in Scholle und Geäst, / so sind auch wir dem Urgrund unsres Seins // nicht weiter lieb; es wagt uns. Nur daß wir, / mehr noch als Pflanze oder Tier / *mit* diesem Wagnis gehen, es wollen, manchmal auch / wagender sind (und nicht aus Eigennutz), / als selbst das Leben ist, um einen Hauch // wagender ... Dies schafft uns, außerhalb von Schutz, / ein Sichersein, dort, wo die Schwerkraft wirkt / der reinen Kräfte; was uns schließlich birgt, / ist unser Schutzlossein und daß wirs so / ins Offene wand-

fern sie der Grund desjenigen Seienden ist, das wir selbst sind, den Urgrund. Dies deutet darauf, daß der Mensch weiter in den Grund des Seienden reicht als das andere Seiende."[29] Dieser Urgrund Natur ist oder erscheint als ein Verhältnis – oder als *Bezug*. Bezug wird zum nächsten Grundwort, das Heidegger mit Grund von der Bedeutung absetzt, in der sich ein menschliches Ich auf einen Gegenstand bezieht.[30] „Rilkes Wort" kennt „diese Bedeutung zwar auch, meint sie aber nicht in erster Linie, sondern nur auf dem Grunde der ursprünglichen."[31] Seinem ursprünglichen Sinn nach meint „beziehen" ein „etwas sich irgendwoher beschaffen, es sich kommen lassen".[32] Bezug in diesem Sinn ist keine bloß äußerliche Relation: „Das Wort ‚der ganze Bezug' ist gar nicht denkbar, wenn man Bezug als bloße Relation vorstellt. Die Schwerkraft der reinen Kräfte, die unerhörte Mitte, der reine Bezug, der ganze Bezug, die volle Natur, das Leben, das Wagnis sind das Selbe."[33] Bezug meint ein Verhältnis, in dem wir uns vorfinden. Es ist unbegrenzt oder in seiner Lebendigkeit *offen,* sofern und so lange Lebendiges erscheint und sich zueinander verhält. Damit ist das nächste Grundwort gegeben: *das Offene,* ein „anderes Grundwort seiner Dichtung. ‚Offen' bedeutet in Rilkes Sprache dasjenige, was nicht sperrt. Es sperrt nicht, weil es nicht beschränkt. Es beschränkt nicht, weil es in sich aller Schranken ledig ist."[34] Freilich denke Rilke das Offene in reduzierter Weise. Er denke es oder stelle es sich vor als die *Offenheit* einer Welt, die uns gegenübersteht und auf die wir uns – beispielsweise in ökologischen Debatten – gerne als das uns Umfangende beziehen. Dies ist nicht das Offene der Bezugsvielfalt der Physis, das Hölderlin im Blick hat – kenntlich etwa in der Überarbeitung, die er in *Brod und Wein* vornimmt. Heißt es zunächst: „So komm! daß wir das Offene schauen, / Daß ein Eigenes wir suchen, so weit es auch ist",[35] so verändert sich das in der Überarbeitung zu: „So komm!

ten, da wirs drohen sahen, // um es, im weitesten Umkreis irgendwo, / wo das Gesetz uns anrührt, zu bejahen."
[29] Heidegger, Wozu Dichter?, GA 5, 279.
[30] Vgl. Heidegger, Wozu Dichter?, GA 5, 283.
[31] Heidegger, Wozu Dichter?, GA 5, 283.
[32] Heidegger, Wozu Dichter?, GA 5, 282.
[33] Heidegger, Wozu Dichter?, GA 5, 283.
[34] Heidegger, Wozu Dichter?, GA 5, 283–284.
[35] Friedrich Hölderlin, Brod und Wein. Unemendierter Text V, FHA 6, 248–252, hier 249, Vers 41–42.

daß wir das Offene schauen, / Daß ein Lebendiges wir suchen, so weit es auch ist."[36] Das Offene ist nicht der Bereich, in dem ein Eigenes zu suchen ist – das Offene ist der Bezug des Lebendigen selbst. Rilke artikuliert stattdessen eine *uns,* das heißt die Denkweise zu Beginn des 20. Jahrhunderts charakterisierende Vorstellungsweise. Sie bringt Heidegger folgendermaßen auf den Begriff: „Was Rilke mit diesem Wort benennt, wird keineswegs durch die Offenheit im Sinne der Unverborgenheit des Seienden bestimmt [...]. Pflanze und Tier sind in das Offene eingelassen. Sie sind ‚in der Welt' [...] einbezogen in das Gezüge des reinen Bezuges. [...] Mit der Steigerung des Bewußtseins, dessen Wesen für die neuzeitliche Metaphysik das Vorstellen ist, steigt der Stand und das Gegenstehen der Gegenstände."[37] Rilke stelle (sich) das Offene als Welt vor – Heidegger resümiert: „Die Natur ist durch das Vor-Stellen des Menschen vor den Menschen gebracht. Der Mensch stellt die Welt als das Gegenständige im Ganzen vor sich und sich vor die Welt. [...] Das Offene wird zum Gegenstand und so auf das Menschenwesen zu-gedreht."[38] Diese Inversion, die das Offene erfährt, leitet zum nächsten Grundwort über: Als *Welt* bleibt es nicht nur vorgestellt, sondern wird zum Gegenstand des Herstellens, es wird „Rohstoff" und „Material".[39]

Damit setzt die Analyse der erfahrungsmäßigen Subschichten des *Wesens* der neuzeitlichen Technik ein, die eingangs bereits zitiert wurde. Mit diesen Subschichten benennt Heidegger mit hoher Präzision die *innere Natur* der gegenwärtigen Warenproduktions- und Warenverwertungsgesellschaft: Der Mensch fungiert hier nicht mehr nur als der, der Waren produziert (sich herstellt), sondern als der, der sich dabei selbst zur Ware und in diesem Sinn buchstäblich austauschbar macht. Der Mensch wird zum „Funktionär" innerhalb einer alle Lebensbereiche durchdringenden Maschinisierung, die ihren Ausdruck im totalitären Staat findet. Insbesondere das 20. Jahrhundert ist zum Pandämonium der Katastrophen geworden, die sich ergeben, wenn menschliches Tun sich auf das möglichst effiziente Rechnen in Funktionssystemen beschränkt.

---

36 Vgl. Hölderlin, Brod und Wein. Konstituierter Text VI, FHA 6, 259, Vers 41–42.
37 Heidegger, Wozu Dichter?, GA 5, 284 und 286.
38 Heidegger, Wozu Dichter?, GA 5, 287–288.
39 Heidegger, Wozu Dichter?, GA 5, 289–291.

Der so erreichte Stand vergesellschafteten Daseins ist – und das ist, was Heidegger für seine Auseinandersetzung mit Rilke und der *Bedürftigkeit* braucht, die sich in dessen Dichtung artikuliert – *heillos*. Damit ist das nächste Grundwort erreicht. Das Ineinander der Ratio wie der Rationalität des Vorstellens der modernen Wissenschaft mit dem industriellen Komplex des Herstellens führt in die restlose technische Vergesellschaftung des „totalen Staates": „Die moderne Wissenschaft und der totale Staat sind als notwendige Folgen des Wesens der Technik zugleich ihr Gefolge."[40] Diese restlose Vergesellschaftung, die ‚nichts draußen' lässt, wird zum Heillosen. Was ihm abhilft, kann nun nicht irgendein Objekt sein, das „Heil" gibt. Es kann nur das Bemerken der Heil- wie Schutzlosigkeit sein, die angesichts der Herrschaft totaler Organisation, die kein Außen kennt, erfahren wird. Dies Erfahren ist das Bemerken eines *Verlustes* – ein Bemerken dessen, was sich dabei entzogen hat beziehungsweise entzieht. Heidegger nennt es mit dem Wort bei Rilke, das diesen Verlust registriert, die „unerhörte Mitte".[41] In dieser Antwort auf den genannten Verlust finde sich bei Rilke ein Widerklang jener Logik des Herzens, die bereits Pascal der Ratio des cartesianischen *Ego cogito* entgegengestellt hatte. Rilke setze dieser vergegenständlichten Ratio den Weltinnenraum der Seele oder des Herzens entgegen. Heidegger zitiert aus einem Brief Rilkes: „So ausgedehnt das ‚Außen' ist, es verträgt mit allen seinen siderischen Distanzen kaum einen Vergleich mit den Dimensionen, *mit der Tiefendimension unseres Inneren,* das nicht einmal die Geräumigkeit des Weltalls nötig hat, um in sich fast unabsehlich zu sein. Wenn also Tote, wenn also Künftige einen Aufenthalt nötig haben, *welche* Zuflucht sollte ihnen angenehmer und angebotener sein, als dieser imaginäre Raum?"[42] Zwei Fragen sind hier anzuschließen: Kann der Weltinnenraum – kann die *Wendung nach innen* – den Verlust des offenen Bezugsverhältnisses *Natur* ersetzen? – und kann, was Erinnerung heißt, als Wendung nach innen, als Er-Innerung, gedacht werden? Wohl kaum.

Die Wendung nach innen kompensiert nicht den Verlust des Bezugsverhältnisses Natur und den Verlust der Dynamik des Offenen – im Gegenteil: Die Wendung nach innen ist vielmehr der schärfste

---

[40] Heidegger, Wozu Dichter?, GA 5, 290.
[41] Vgl. Heidegger, Wozu Dichter?, GA 5, 302.
[42] Brief Rilkes vom 11. August 1924, zitiert in: Heidegger, Wozu Dichter?, GA 5, 307.

Ausdruck dieses Verlustes. Heidegger deutet sie deshalb zurecht als „Umkehrung des Bewußtseins",[43] als einen Akt, in dem „unser nur durchsetzend wollendes Wesen und seine Gegenstände in das innerste Unsichtbare des Herzraumes" umgewendet werden.[44] Verloren geht dabei jenes von der Bindestrich Er-innerung – Heidegger spielt mit dieser Schreibweise gewiss auf den Schluss von Hegels *Phänomenologie des Geistes* an[45] – unterschiedene Erinnern, das sich gerade als Sinn für das Offene erweist.

Rilkes Grundworte – das Offene, der Bezug, Abschied (Verlust), Natur, unerhörte Mitte usw. – beschreiben einen Erfahrungsweg, auf dem sich die Notwendigkeit der Wendung zur Sprache ergibt. Denn es ist die Sprache, die und in der sich jene Umkehr vollzieht, in der Erinnern sich – und nicht bloß etwas, und sei es aus dem Weltinnenraum – mitteilt. Freilich wird an Rilke die Frage gleichsam drängend, wer „von den Sterblichen [...] dieses umkehrende Erinnern" vermag.[46] „Gesang ist Dasein" zitiert Heidegger aus Rilkes drittem Sonett des ersten Teils der *Sonette an Orpheus*.[47] Gesang ist Dasein: Er macht im „Unsichtbaren des Weltinnenraums [...] das Heile [...] sichtbar. Erst im weitesten Umkreis des Heilen vermag Heiliges zu erscheinen. Dichter von der Art [Rilkes] sind [...] unterwegs auf der Spur des Heiligen."[48] Doch steht solches Unterwegssein nicht für eine bloße Ästhetisierung, in der sich die Logik des Herzens, nicht aber das Offene ausspricht? Muss man – statt: Gesang ist Dasein – nicht vielmehr sagen: Dasein ist, was im Wort zur Sprache findet? – und: In diesem Zur-Sprache-Finden *ist* Dasein, im genauen Sinn des Verbs „sein"? Freilich muss hierfür erst das Bedürfnis, ein Wissen dessen, was uns fehlt, gegeben sein. Bei Rilke, so Heidegger, findet dieses Fehlen und dieser Fehl in der dem

---

[43] Heidegger, Wozu Dichter?, GA 5, 307.
[44] Heidegger, Wozu Dichter?, GA 5, 309.
[45] Vgl. „In seinem Insichgehen ist [der Geist] in der Nacht seines Selbstbewußtseins verschwunden, sein verschwundenes Dasein aber ist in [der Erinnerung] aufbewahrt, und dies aufgehobene Dasein [...] ist das neue Dasein [...]. [Die] Er-Innerung [...] ist das Innre und die in der Tat höhere Form der Substanz." Dieser „Er-Innerung" werden die geschichtlichen Formen zur (bloßen) „Schädelstätte" des Geistes" (G.W.F. Hegel, Phänomenologie des Geistes, neu hrsg. von Hans-Friedrich Wessels und Heinrich Clairmont, Hamburg 1988, 530–531).
[46] Heidegger, Wozu Dichter?, GA 5, 309.
[47] Heidegger, Wozu Dichter?, GA 5, 316.
[48] Heidegger, Wozu Dichter?, GA 5, 319.

Stand des 20. Jahrhunderts entsprechenden Weise zur Darstellung. Genau dies ist jene unverzichtbare Leistung, die Heidegger an Rilke würdigt. Rilke gelange (und bringe uns damit) „zu der dichterischen Frage, wann Gesang sei, der wesenhaft singt. Diese Frage steht nicht am Beginn des dichterischen Weges, sondern dort, wo Rilkes Sagen in den Dichterberuf des Dichtertums gelangt, das dem ankommenden Weltalter entspricht."[49] Rilke also – das ist das Ergebnis von Heideggers Gespräch mit ihm – bringt uns vor die Frage, die sich bei Hölderlin in originärer Weise gestellt findet: eben die des „Wozu Dichter in dürftiger Zeit?".

4.

Wozu Dichter? – in der Überarbeitung der Strophe, zu der diese Frage gehört, hat Hölderlin gravierende Veränderungen vorgenommen. So ersetzt er die Gnome „Nur zu Zeiten erträgt göttliche Fülle der Mensch" durch: „Nur zu Zeiten erträgt eigenen Schatten der Mensch"; und die Schlusstrias von Strophe 7: „Indessen dünket mir öfters / Besser zu schlafen, wie so ohne Genossen zu seyn, / So zu harren und was zu thun und zu sagen, / Weiß ich nicht und wozu Dichter in dürftiger Zeit? / Aber sie sind, sagst du, wie des Weingotts heilige Priester, / Welche von Lande zu Land zogen in heiliger Nacht" heißt nun: „aber des Todes denkt Einer / Kaum, und der Jugend Haus fassen die Seher nicht mehr. / Aber doch etwas gilt, allein. Die Regel, die Erde. / Eine Klarheit, die Nacht. Das und das Ruhige kennt / Ein Verständiger wohl, ein Fürstlicherer, und zeiget / Göttliches, ihrs auch sei lang, wie der Himmel und tief."[50]

Diese Überarbeitungen zu erläutern würde den Rahmen der hier vorgelegten Überlegungen sprengen. Aber einige Hinweise seien erlaubt.

Hölderlins Sprache wird immer konkreter. Sie spricht nicht über die „göttliche Fülle" – oder über das „Kommen des Göttlichen" oder seine Absenz –, als wäre das ein Geschehen, das wir gleichsam im Kino als Zuschauer auf der Leinwand vorüberziehen sehen. Sie spricht es vielmehr als ein Geschehen an, in dem wir uns befinden –

---

[49] Heidegger, Wozu Dichter?, GA 5, 319–320.
[50] Hölderlin, Brod und Wein, FHA 6, 251 (Unemendierter Text V) und 261 (Konstituierter Text VI).

zum Beispiel in der Gestalt der radikalen Absenz einer Sphäre des Göttlichen – oder der Götternacht. Sie spricht nicht über ein Geschehen, sondern nimmt es in sich herein. Dazu gehört, dass Hölderlin den in der Frage „Wozu Dichter in dürftiger Zeit?" zu hörenden Optativ, der auf die Feststellung „So zu harren und was zu thun indeß und zu sagen, / Weiß ich nicht" folgt, durch die zitierte Gnome ersetzt: „Aber doch etwas gilt, allein. Die Regel, die Erde. / Eine Klarheit, die Nacht. Das und das Ruhige kennt / Ein Verständiger wohl". Die Sprache des Gedichts besinnt sich gleichsam auf den infinitesimalen Punkt, der vor oder unterhalb der Ebene liegt, auf der Sprache zu einem Medium der Re-Präsentation mentaler Gehalte gemacht wird. Ihr eignet ein unmittelbares, orientiert an der „Regel, der Erde" sinnliches Bedeuten, dem eine zeitlich zu verstehende und insofern kreatürliche Geschichte innewohnt.

Das hat bewusstseinsgeschichtlich einen Ursprung in der Semantik der Erfahrungsgehalte, die mit der christlichen Religion in die Welt gekommen sind. Hölderlin begreift sie als das Ende des antiken Göttertags im Sinne einer Erfüllung der Herabkunft des Göttlichen. In *Der Einzige* heißt es: „Wie Fürsten ist Herkules. Gemeingeist Bacchus. Christus aber ist / Das Ende. Wohl ist der noch anderer Natur; erfüllet aber / Was noch an Gegenwart / Den Himmlischen gefehlet an den andern."[51] Das ‚Gründungsdokument', in dem die Herabkunft des Göttlichen die Gedächtnishandlung der Religion stiftet, ist das Abendmahl. *Brod und Wein* evoziert es, wobei Hölderlin diese Evokation in der Elegie mit den Mysterien von Ceres und Bacchus und zugleich mit Platons *Symposion* zusammenzieht. Das wird am Ausgangspunkt der Elegie deutlich, der Forderung, die „Nacht" müsse „Uns die Vergessenheit und das Heiligtrunkene gönnen, / Gönnen, das strömende Wort, das, wie die Liebenden sei, / Schlummerlos und vollern Pokal und kühneres Leben, / Heilig Gedächtniß auch, wachend zu bleiben bei Nacht."[52] Die Gedächtnishandlung antizipierter Parusie, die Wiederkehr des himmlischen Chores, die an der Jetztzeit gelebter Geschichte gleichsam vorbeiführt – „Denn zur Freude mit Geist, wurde das Größre zu groß / Unter den Menschen und noch, noch fehlen die Starken zu höchsten

---

51 Friedrich Hölderlin, Der Einzige. Dritte Fassung, MA 1, 467–469, hier 469–470.
52 Hölderlin, Brod und Wein, FHA 6, 248–249 (Unemendierter Text V) und 258–259 (Konstituierter Text VI).

/ Freuden, aber es lebt stille noch einiger Dank"[53] –, transformiert Hölderlin zur Forderung, dieses Antizipierte in seiner Gegenwärtigkeit zu erinnern: „Aber, wie Waagen bricht, fast, eh es kommet, das Schiksaal / Auseinander beinah, daß sich krümmt der Verstand / Vor Erkenntniß, auch lebt, aber es sieget der Dank."[54] Signifikant sind hier die Veränderungen, die Hölderlin bezüglich des *Dankes* vornimmt. Denn Dank ist die Praxis des Erinnerns.[55] Wenn „es lebt stille noch einiger Dank" ersetzt wird durch „auch lebt, aber es sieget" beziehungsweise „errettet der Dank" – so zunächst die Korrektur in *Brod und Wein*[56] –, dann verschiebt sich die Perspektive von einer Zeit über- oder umgreifenden Gedächtnishandlung bezüglich eines ausstehenden oder bloß historisch gewesenen Göttlichen zu seiner jetzt anstehenden – jetzt zu deutenden – Vergegenwärtigung. Der Dank ist ein innerzeitliches oder innerweltliches Verhältnis zu dem, was der Bedingung der Endlichkeit nicht unterliegt: dem „Gott" als der „Sphäre, die höher ist als die des Menschen".[57] Wäre, was Dank heißt, durch die Instanz, der er gilt, garantiert, fiele er mit der Erkenntnis dieser Instanz – der Erkenntnis Gottes – als dieses Objektes (des Verstandes) zusammen. Was Dank meint müßte dann nicht mehr gebracht werden – es folgte der Erkenntnis sozusagen von selbst. Ein solches ‚naives' Gottvertrauen setzt Hölderlin im *Ersten Entwurf* der *Friedensfeier* an: „Des Maases allzeit kundig rührt mit schonender Hand / Die Wohnungen der Menschen / Ein

---

[53] Hölderlin, Brod und Wein. Unemendierter Text V, FHA 6, 251, Vers 134–136.
[54] Hölderlin, Brod und Wein. Konstituierter Text VI, FHA 6, 261, Vers 136–138.
[55] Im *Fragment philosophischer Briefe* notiert Hölderlin, „daß der Mensch auch in so fern sich über die Noth erhebt, als er sich seines Geschiks *erinnern,* als er für sein Leben *dankbar* seyn kann und mag" (Friedrich Hölderlin, Fragment philosophischer Briefe, in: Theoretische Schriften, mit einer Einleitung hrsg. von Johann Kreuzer, Hamburg 1998, 10–15, hier 11).
[56] Vgl. Friedrich Hölderlin, Homburger Folioheft, FHA Supplement III, hrsg. von Dietrich E. Sattler und Emery E. George, Frankfurt am Main 1986, 35, Vers 69–70).
[57] Vgl. die Feststellung, die Hölderlin im *Stuttgarter Foliobuch* an die Stelle setzt, an der der Transzendenzoptimismus zerbricht, mit der er *Wie wenn am Feiertage...* begann: „Die Sphäre die höher ist, als die des Menschen diese ist der Gott" (Friedrich Hölderlin, Stuttgarter Foliobuch, FHA Supplement II, hrsg. von Dietrich E. Sattler und Hans Gerhard Steimer, Frankfurt am Main 1989, 63).

Gott an, einen Augenblick nur / Und sie wissen es nicht, doch lange / Gedenken sie deß, und fragen, wer es gewesen. / Wenn aber eine Zeit vorbei ist, kennen sie es. // Und menschlicher Wohlthat folget der Dank".[58] Aber gleichsam instantan fällt das Gedicht diesem naiven Vertrauen in den Automatismus eines aus Unwissen resultierenden Gedenkens („Und sie wissen es nicht, doch lange / Gedenken sie deß") ins Wort: Denn im Unterschied zur „menschlichen Wohltat" heißt es in den sich unmittelbar anschließenden Versen: „Auf göttliche Gaabe aber [folget] jahrlang / Das Laid erst und das Irrsaal".[59] Es gibt hier zwei gottgegebene Geschenke: einerseits den göttlichen Augenblick, der aus genügendem zeitlichem Abstand („Wenn aber eine Zeit ist vorbei") zu einer menschlichen Wohltat wird – andererseits die göttliche Gabe als ‚Leid', dem gegenüber die „folgende Zeit" als „milder" Trost fungiert.[60] Diese Ambiguität löst Hölderlin auf, indem er deutlich macht, dass der (gedenkende) Dank nicht automatisch dem Erscheinen des „gottgegebenen Geschenkes" folgt. Diese Nicht-Automatizität des Dankes übersteigert der *Zweite Entwurf* der *Friedensfeier*: „Dank / Folgt nimmer auf dem Fuße solchem Geschenke."[61] In der Reinschrift dann heißt es: „aber Dank / Nie folgt der gleich hernach dem gottgegebnen Geschenke; / Tiefprüfend ist es zu fassen."[62] Der Dank des Erinnerns erfolgt nicht mehr aus einer zeitlos-*geistigen* Perspektive heraus, sondern wird zum notwendigen Moment der Verbindung von zeitlich Verschiedenem durch uns. Auch das unterscheidet den Sinn der Erinnerung von jener Er-innerung, der Rilke im 20. Jahrhundert in der Richtung von Pascals Logik des Herzens folgt.[63] Der Sinn, der Erinnern ist, wie der Sinn, den Erinnern hat, unterscheidet die Erinnerung von einem „Welt-Innenraum".

Nicht in einer Wendung nach innen, sondern in der Verbindung von zeitlich Verschiedenem besteht der zeitliche Sinn der Erinnerung. Das unterscheidet sie vom Gedächtnis und lässt sie zum „Ver-

---

58 Friedrich Hölderlin, Friedensfeier. Erster Versentwurf, MA 1, 356–358, hier 357, Vers 51–57.
59 Hölderlin, Friedensfeier. Erster Versentwurf, MA 1, 357, Vers 58–59.
60 Hölderlin, Friedensfeier. Erster Versentwurf, MA 1, 357, Vers 60.
61 Friedrich Hölderlin, Friedensfeier. Zweiter Versentwurf, MA 1, 359–361, hier 360, Vers 37–38.
62 Hölderlin, Friedensfeier. Reinschrift, MA 1, 363, Vers 58–60.
63 Vgl. Heidegger, Wozu Dichter?, GA 5, 306.

bindungsmittel zwischen Geist und Zeichen" werden.⁶⁴ In der Erinnerung als diesem Verbindungsmittel zwischen Geist und Zeichen wird das zeitlich Verschiedene als Endliches bewusst: Damit wird es zum *Zeichen* (einer in ihm sich zeigenden kreativen Prozessualität). Wenn das Bestehende qua seiner Zeichenhaftigkeit in seinem Zusammenhang mit der in ihm sich zeigenden Prozessualität begriffen wird, dann ist Sprache im buchstäblichen Sinn Entsprechung dieser Wechselwirkung von Natur und Menschen: Denn sie ist Zeichen und ‚Notationsform' jenes Geistes, der sich in ihr materialisiert – beziehungsweise, wie Hölderlin notiert: empirisch individualisiert⁶⁵ – und materialisieren muss, soll der Geist selbst erinnerungsfähig und deutbar werden.

5.

Das ist der Maßstab, an dem Heidegger Rilke misst. Aber vielleicht ist die Rede von einem Maßstab und einem Messen hier auch eigentlich falsch oder zumindest missverständlich. Denn ein solches Messen ist kein Gespräch – und es ist einer Vorstellungsweise entlehnt, die Heidegger als jene „abgemilderte Metaphysik" bezeichnet, in deren Schatten wir seit der Entzauberung der Welt stehen, in der sich die Wissenschaftsgläubigkeit des 19. Jahrhunderts mit ihrem Spiegelbild, der Sehnsucht nach dem Phantasma ‚unberührter' oder ungeschichtlicher Natur ‚vollendet'. Es geht nicht darum, Rilke zu ‚messen', sondern um das Bedürfnis, das sich in seiner Dichtung ausspricht: Er gelange „zu der dichterischen Frage, wann Gesang sei, der wesenhaft singt. Diese Frage steht nicht am Beginn des dich-

---

⁶⁴ Die Frage nach dem „Verbindungsmittel zwischen Geist und Zeichen" wird durch die Erfüllung der Maxime beantwortet, „eine Erinnerung zu haben". Sie macht möglich, was Hölderlin „poetische Individualität" und „Identität der Begeisterung" nennt (vgl. Friedrich Hölderlin, Wenn der Dichter einmal des Geistes mächtig ist ..., in: Hölderlin, Theoretische Schriften, 39–62, hier 46 und 49; vgl. auch Johann Kreuzer, Einleitung, in: Hölderlin, Theoretische Schriften, XXIX–XXXIV sowie die Anmerkungen auf Seite 123).
⁶⁵ Dazu, dass durch die „Wahl" der Sprache der unendliche Gesichtspunkt der Erinnerung als „ein durch diese Wahl bestimmtes, empyrischindividualisirtes und karakterisirtes betrachtet" und reproduziert werden kann, vgl. Hölderlin, Wenn der Dichter einmal des Geistes mächtig ist ..., 52.

Wozu Dichter? Das Gespräch mit Rilke und Hölderlin   91

terischen Weges, sondern dort, wo Rilkes Sagen in den Dichterberuf des Dichtertums gelangt, das dem ankommenden Weltalter entspricht."⁶⁶

Wozu Dichter? – das ist die technisch verrechnende Frage. Die Frage, die sich darin verbirgt, lautet: Wozu Sprache? Was spricht sich in der Sprache aus, wenn sich deren Wesen nicht auf die Reproduktion mentaler Gehalte reduziert? Was erlangt eine Wirklichkeit dadurch, dass es in der Sprache nachgeahmt wird?

6.

Hölderlin ist der erste, der diese Frage gestellt und der Antwort, die es hier braucht, in seinem Werk zu entsprechen versucht hat. Deshalb bedeutet die Besinnung auf ihn nicht den Rekurs auf ein „vermeintlich Ewige[s]", in dem sich nur „ein abgestelltes Vergängliches, abgestellt in die Leere eines dauerlosen Jetzt", versteckt. Die Sprachwirklichkeit, die sich bei Hölderlin realisiert findet, geht deshalb „nicht in eine Zukunft weg, sondern […] kommt aus ihr an, dergestalt, daß in der Ankunft seines Wortes allein die Zukunft anwest."⁶⁷ Deshalb gipfelt die Bestimmung der Philosophie in der Erkenntnis der Notwendigkeit, diesem Wort das Gehör zu verschaffen.

---

66 Heidegger, Wozu Dichter?, GA 5, 319–320.
67 Heidegger, Wozu Dichter?, GA 5, 320.

Günter Figal

Am Rande der Philosophie
Martin Heidegger liest Ernst Jünger

Für A.M.E.S., die Leserin

1.

Seit den frühen dreißiger Jahren steht Heideggers Philosophie unter der Konstellation dreier Autoren: Hölderlin, Nietzsche und Jünger. Es ist die Konstellation einer epochengeschichtlichen Orientierung. Der nach dem Scheitern des Rektorates und der mit ihm verbundenen Hoffnungen notwendig gewordene Versuch der Rechenschaft über das, was an der Zeit ist und darüber, wie die Zeit zu bestehen sei, bildet sich für Heidegger in drei, mit den drei genannten Namen angezeigten Aspekten heraus. Hölderlins Name steht für die Möglichkeit einer neuen, von traditionellen Bindungen radikal unterschiedenen Verbindlichkeit. Heidegger macht mit Hölderlin die Erfahrung einer die Moderne bestimmenden Götterferne, die keine Gottlosigkeit ist; Hölderlin ist der Dichter der geflohenen Götter und ebenso des kommenden Gottes, sodass die götterferne Gegenwart durch seine Dichtung in einen Bezug zum Göttlichen gestellt ist; die Dichtung ermöglicht diesen Bezug dadurch, dass sie die Götterferne als Götternähe in Spannung und Schwebe hält und so ein Gottesverhältnis stiftet. Nietzsches Name steht für das alles umfassende, aber nicht notwendigerweise auch bewusste Selbstverständnis der gegenwärtigen Zeit – dafür, dass diese nihilistisch die Entwertung der obersten Werte betreibt und alles, was ist, in eine dynamische, das Erreichte sofort wieder überbietende Steigerung reißt, die mit der Formel vom „Willen zur Macht" angezeigt ist. Jüngers Name schließlich steht für die Einsicht in das alles umfassende und alles radikal neu bestimmende technische Gepräge der modernen Welt; Jünger, wie Heidegger ihn versteht, hat Nietzsches Gedanken ausbuchstabiert und dabei als Wesensbestimmung der technisch-industriellen Welt kenntlich gemacht.

Hölderlin, Nietzsche und Jünger sind in der philosophischen Arbeit Heideggers auf verschiedene Weise gegenwärtig. Für alle, die in den dreißiger Jahren bei Heidegger studierten, war die Bedeutung von Hölderlin und Nietzsche nicht zu übersehen. Immer wieder hat Heidegger sich ihnen in seinen Vorlesungen gewidmet; die Beschäftigung mit Hölderlin wurde außerdem in Vorträgen und Abhandlungen zugänglich gemacht. Mit Jünger verhält es sich anders; Heideggers Auseinandersetzung mit ihm bleibt bis zur Mitte der fünfziger Jahre im Verborgenen. Wie die zahlreichen Anstreichungen und Randnotizen in Heideggers Leseexemplar von Jüngers Großessay *Der Arbeiter* (1932) belegen,[1] war Heideggers Jünger-Lektüre durchaus intensiv. Sie beginnt außerdem recht früh – nach Heideggers eigenem Zeugnis mit Jüngers Aufsatz *Die totale Mobilmachung* (1930), und zwar schon in dessen Erscheinungsjahr.[2] Aber die Mitteilung der Lektüreergebnisse bleibt exklusiv. Heidegger macht umfangreiche Notizen und erörtert seine Lektüreergebnisse, wenn überhaupt, dann nur in kleinen Gesprächskreisen, in wenigen Briefen. Dies geschah wohl nicht zuletzt aus Vorsicht, denn Jüngers *Arbeiter* war offiziell nicht wohlgelitten. Erst mit einem Beitrag zur Festschrift aus Anlass von Jüngers sechzigstem Geburtstag macht Heidegger seine Auseinandersetzung mit Jünger öffentlich. Kennen gelernt hatte man sich einige Jahre zuvor, im Jahr 1948, durch Vermittlung von Vittorio Klostermann, der seinerzeit Jünger wie Heidegger verlegte; Klostermann und Jünger besuchten Heideg-

---

[1] Zusammen mit Heideggers Aufzeichnungen zu Jünger sind die Anstreichungen und Randnotizen zu Jüngers *Arbeiter* dokumentiert in: Heidegger, Zu Ernst Jünger, GA 90.
[2] Vgl. Martin Heidegger, Das Rektorat 1933/34. Tatsachen und Gedanken, in: Die Selbstbehauptung der deutschen Universität, Das Rektorat 1933/34, Frankfurt am Main 1983, 21–43, hier 24. Vgl. auch Martin Heidegger, Brief an Elisabeth Blochmann vom 3. März 1947, in: Martin Heidegger/Elisabeth Blochmann, Briefwechsel 1918–1969, hrsg. v. Joachim W. Storck, Marbach am Neckar 1989, 92–94, hier 93; vgl. auch Günter Figal, Nachwort, in: Ernst Jünger/Martin Heidegger, Briefe 1949–1975, unter Mitarb. von Simone Maier hrsg., komm. und mit einem Nachwort versehen von Günter Figal, Stuttgart/Frankfurt am Main 2008, 301–306, hier 301.

Am Rande der Philosophie 95

ger in Todtnauberg. Es entspann sich ein Briefwechsel,³ der ebenso freundlich wie distanziert blieb. In sachlicher Hinsicht ist die Auseinandersetzung Heideggers mit Jünger durchaus scharf, auch in seinem Beitrag zu Jüngers Festschrift. Mit diesem antwortet Heidegger auf eine Festgabe, die Jünger ihm zum fünfundsechzigsten Geburtstag gewidmet hatte. Doch während Jüngers Schrift *Über die Linie* eine in sein aktuelles Denken und Schreiben gehörende Erörterung ist, mutet Heideggers Entgegnung wie ein Rückblick an. Im Grunde war das Wesentliche in den dreißiger Jahren gedacht, den Notizzetteln anvertraut und vor allem in eigene Schriften aufgenommen – zunächst in die *Beiträge zur Philosophie*, in denen Heidegger eine Zusammenfassung seines Denkens in den dreißiger Jahren unternahm, später und sehr viel klarer in die *Bremer Vorträge* (1949), in denen Heidegger erstmals eine Wesensbestimmung der Technik gelingt. Jünger hat mächtig auf Heideggers Denken gewirkt. Aber das geschah in den dreißiger Jahren. Die meisten Aufzeichnungen Heideggers zu Jünger entstammen der Zeit bis 1940. Später gibt es kaum noch Aufzeichnungen zu Jüngers Werk; nur wenige Notizen aus dem Jahr 1954 bereiten die Antwort auf Jüngers Festschriftbeitrag vor. Dieser ist nicht mehr als ein spätes Echo. Über die kritische Jünger-Lektüre ist Heidegger längst hinaus.

Jüngers Wirkung auf Heidegger betrifft, wie gesagt, die technische Einrichtung der modernen Welt. Das erklärt, weshalb Heidegger sich auf ein einziges Buch Jüngers konzentriert – eben auf den *Arbeiter*. Jünger selbst hat dieses Buch zwar immer als ein Zentrum seines Werkes betrachtet. Aber er hat es – als einziges neben der ersten Fassung von *Das abenteuerliche Herz* – zugleich historisch gesehen und deshalb unrevidiert in seine *Sämtlichen Werke*, eine Ausgabe letzter Hand, aufgenommen. An den Intuitionen des *Arbeiter* hält Jünger ein Leben lang fest. Doch die Lösungen, die das Buch erwägt, werden ihm bald fragwürdig. Spätestens ab der zweiten Fassung des *Abenteuerlichen Herzens* (1938) ist er nicht mehr der Auffassung, dass die technische Welt bedingungslos angenommen werden müsse und dass die Entstehung eines in diese Welt ganz und gar eingepassten Menschentyps nicht nur zu erwarten, sondern auch zu begrüßen sei. Vielmehr erkundet und praktiziert Jünger nun die Möglichkeit, inmitten der technischen Welt die individuelle Freiheit zu wahren; außerdem sieht er die technische Welt

---

3 Vgl. Ernst Jünger / Martin Heidegger, Briefe 1949–1975.

nicht mehr nur unter dem Gesichtspunkt, dass sie die bürgerliche
Welt zugrunde richtet und ablöst, sondern er fragt danach, wie die
Technik in das sie Übergreifende der Natur gehört und als ein Teil
der „Erdgeschichte" verstanden werden könne – so in dem 1959 veröffentlichten Buch *An der Zeitmauer,* das in vielem eine durch die
Kritik hindurchgegangene und radikal ausfallende Neufassung des
Arbeiter ist.[4] Was die Kritik angeht, so hat Jünger vieles von dem,
was sein Bruder Friedrich Georg gegen den *Arbeiter* eingewandt
hatte, aufgenommen und sich zu eigen gemacht.

Schon der Jünger der späteren dreißiger Jahre ist also nicht mehr
der selbe, der er als Autor des *Arbeiter* war. Das kann nicht übersehen werden, auch wenn Jünger sich kaum je kritisch kommentiert,
sondern seine Lebens- und Schreibeinstellung ändert und die früheren Einstellungen als die, die sie waren, einfach gelten lässt. Doch für
Heidegger bleibt Jünger im Jahr 1932 stehen. Späteres erwähnt er,
wenn überhaupt, dann nur beiläufig und kommentiert es noch seltener. Heideggers Blick auf Jünger ist scharf, aber eng. Philosophisch
nimmt er aus Jüngers reichem Werk nur ein Buch und mit diesem
nur eine Fragestellung ins Visier. Der Autor Jünger hat dann, auch
viele Jahre später noch, für diese Fragestellung zu stehen.

2.

Diese Einstellung Heideggers gilt nicht nur im Hinblick auf Jünger.
Sie kennzeichnet Heidegger als philosophischen Leser im Allgemeinen; sie ist bezeichnend für ihn als Philosophen, der sein Denken
im reflektierenden Lesen, also im Auslegen artikuliert. Auch wenn
Heidegger philosophische Autoren liest, beschränkt er sich gern auf
ein Buch oder gar auf einen überschaubaren Textausschnitt, um sich
dem Wenigen mit umso größerer Intensität zu widmen. So konzentriert sich Aristoteles für den frühen Heidegger im sechsten Buch der
Nikomachischen Ethik; für Hegels Philosophie steht die Einleitung
zur *Phänomenologie des Geistes*; Platons „Lehre von der Wahrheit"
schmilzt zu den wenigen Seiten des so genannten Höhlengleichnisses zusammen; Nietzsche ist der Autor von *Also sprach Zarathustra*
und einiger ausgewählter Aphorismen. Auch wenn Heidegger Dich-

---

[4] Vgl. Ernst Jünger, An der Zeitmauer, in: Sämtliche Werke (im Folgenden:
SW) Band 8, Stuttgart 1981, 397–645.

tung interpretiert, geht er ähnlich vor; das *eine* Gedicht von Trakl oder von George soll preisgeben, was Heidegger sucht. Zwar ist Heideggers Auswahl aus Hölderlins Gedichten reicher. Und doch bleibt Heideggers Lektüre auf eine, nämlich die für ihn wesentliche Frage nach dem dichterischen Sagen des Göttlichen in der Zwischenzeit seines Entzugs und seiner möglichen Wiederkehr beschränkt.

Die Beschränkung der Lektüre ist kein Ausdruck mangelnden Interesses; sie bezeugt erst recht keinen engen Blick oder gar Ignoranz. Heidegger war ein großer Leser; auch von Jünger hat er vieles und gewiss mehr gelesen als er erwähnt. Aus der Beschränkung spricht vielmehr Sachlichkeit. Heidegger sucht für seine Lektüren die Texte aus, in denen sich ihm, wie er glaubt, eine Sache aufschließen kann. Demnach muss diese Sache dem Text so eingeschrieben sein, dass sie sich bei entsprechender Aufmerksamkeit zeigt. Sie zeigt sich als sie selbst, aber gleichwohl nach Möglichkeit und in den Grenzen des Textes.

Jüngers *Arbeiter* ist für Heidegger ein solcher Text; hier sieht Heidegger eine Sache, die ihm als wesentlich erscheint, so prägnant zur Geltung kommen, dass ihm der Text alle Aufmerksamkeit wert ist. Aber Heidegger traut verschiedenen Texten Verschiedenes zu. Wie Heidegger Jünger liest, lässt sich deshalb nur verstehen, wenn man seine Einstellung zu Jüngers Text im Spielraum möglicher Alternativen betrachtet. Das ist nicht nur im Hinblick auf Jüngers *Arbeiter* erhellend; es betrifft die Konstellation der Autoren im Ganzen, der Heideggers Denken in und seit den dreißiger Jahren untersteht. Aber mehr noch: Mit dem an dieser Konstellation erkennbaren Spektrum von Lektüreeinstellungen klärt sich Heideggers Verhältnis zur Literatur überhaupt.

Angezeigt ist dieses Verhältnis schon dadurch, dass Heidegger nie von der Literatur in einem umfassenden Sinne spricht. Auf die „Sprachkunst" oder „Poesie" bezieht er sich nur, um hervorzuheben, dass sie wie alle Kunst, aber in ausgezeichneter Weise, „Dichtung" sei.[5] Zur Dichtung, wie sie in der „Sprachkunst" realisiert ist, hat Heidegger grenzenloses Vertrauen. Wenn ein sprachliches Gebilde die immer in höchster Anerkennung gemeinte Bezeichnung des Dichterischen verdient, so kann es für Heidegger nicht den Charakter einer auf Vorstellung beruhenden und darin fiktionalen Darstellung haben. Vielmehr kommt im dichterischen Sprachwerk eine

---

5 Heidegger, Der Ursprung des Kunstwerks, GA 5, 60–61.

Sache zur Geltung. Diese Sache scheint nicht durch das sprachliche Gebilde durch; sie scheint auch nicht in diesem auf, sondern ist in ihm als sie selbst gegenwärtig. Was Dichtung sei, so liest man in der Abhandlung zum Ursprung des Kunstwerks, könne „von der Imagination und der Einbildungskraft her" nicht hinreichend bedacht werden;[6] wesentlich für die Dichtung sei vielmehr ein „Nennen", welches „das Seiende erst zum Wort und zum Erscheinen" kommen lasse. Das Nennen, so erläutert Heidegger diesen Gedanken, ernenne „das Seiende *zu* seinem Sein *aus* diesem".[7] Derart ist das dichterische Nennen „Stiftung der Wahrheit",[8] das heißt: Es bewirkt „inmitten des Seienden eine offene Stelle",[9] an der die Offenheit erfahrbar wird, aus der alles kommt und in der alles derart ist, dass es sich als dieses Bestimmte zeigen kann. Die Dichtung stellt das, was sie nennt, so heraus, dass es in seiner Offenheit als Offenes und derart als Sichzeigendes erfahren werden kann.

Heideggers Bestimmung des Dichterischen verweist auf *Sein und Zeit* zurück. Dort hatte Heidegger die Sache der Philosophie als Phänomen und ein Phänomen als das „Sich-an-ihm-selbst-zeigende" und in diesem Sinne als „das Offenbare" bestimmt.[10] Das Nennen des Offenbaren ist entsprechend ein Sagen, welches „das was sich zeigt, so wie es sich von ihm selbst her zeigt, von ihm selbst her sehen" lässt; es ist ein „ἀποφαίνεσθαι τὰ φαινόμενα" und von daher Phänomenologie im Wortsinne.[11] Aber die Dichtung, wie sie in *Der Ursprung des Kunstwerks* bestimmt wird, ist mehr. Sie ist nicht phänomenologisch, indem sie etwas, das sich von ihm selbst her zeigen kann, unverstellt als das, was es ist, zur Geltung bringt. Die Dichtung ist, anders gesagt, nicht aufzeigend. Sie ist *stiftend*.[12] Erst und allein durch ihr Sagen kommt etwas in den Stand, sich von ihm selbst her zeigen zu können, aber sie ist dabei das *Sich*zeigen von etwas. So zeigt sich das Göttliche in der Spannung und Schwebe von Götterferne und Götternähe nicht durch, sondern *in* Hölderlins Dichtung. In dieser Dichtung ist es als es selbst. Hölderlins Dichtung ist für Heidegger Dichtung im eminenten Sinne. Hölderlin, wie Heidegger

---

[6] Heidegger, Der Ursprung des Kunstwerks, GA 5, 60.
[7] Heidegger, Der Ursprung des Kunstwerks, GA 5, 61.
[8] Heidegger, Der Ursprung des Kunstwerks, GA 5, 63.
[9] Heidegger, Der Ursprung des Kunstwerks, GA 5, 59.
[10] Heidegger, Sein und Zeit, GA 2, 38.
[11] Heidegger, Sein und Zeit, GA 2, 46.
[12] Vgl. Heidegger, Der Ursprung des Kunstwerks, GA 5, 63.

Am Rande der Philosophie

ihn liest, dichtet aus dem Wesen der Dichtung, sodass dieses Wesen maßgeblich seiner Dichtung zu entnehmen ist.

Die Dichtung im erläuterten Sinne kommt der Philosophie immer zuvor. Sie hat schon in den Stand der Offenbarkeit versetzt, wenn sich das philosophische Denken der Dichtung und also ihrer Sache widmet. Deshalb kann das Denken sich der Dichtung auch immer nur unterstellen. Es kann mit seinen ihm eigenen Möglichkeiten nur versuchen, die Dichtung in der Sprache, die sie ist, sein zu lassen und ihre Sache sich zeigen zu lassen. Das Denken kann für Heidegger im Hinblick auf die Dichtung nur „Erläuterung" sein, und selbst diese steht unter skeptischem Vorbehalt. Vielleicht sei die Erläuterung „Schneefall auf die Glocke", also in der Gefahr, den Klang der Dichtung zum Verstummen zu bringen. Entsprechend kann die Erläuterung sich nur erfüllen, indem sie sich selbst zurücknimmt. Heidegger selbst formuliert das noch schärfer: Damit „das im Gedicht rein Gedichtete um einiges klarer dastehe", müsse „die erläuternde Rede sich und ihr Versuchtes jedesmal zerbrechen". Der „letzte, aber auch der schwerste Schritt jeder Auslegung" bestehe darin, „mit ihren Erläuterungen vor dem reinen Dastehen des Gedichtes zu verschwinden".[13]

Ein Dichter im wesentlichen Sinne, ein Dichter also im Sinne Hölderlins, ist Jünger für Heidegger nicht. Er ist „ein Beschreiber",[14] und zwar einer, der „sich frei in der Mannigfaltigkeit der Erscheinungen und ihrer Schichten zu ergehen" weiß.[15] Als Beschreiber ist Jünger „ein Zeiger eigenen ‚Formats'";[16] als solcher vollzieht er „eine Hinführung in das Wirkliche", derart, dass er „rücksichtslos ernst mit diesem Wirklichen" macht.[17] Das mag wie eine Auszeichnung klingen und ist doch allein kritisch gemeint. Die Zeit, „da es noch ausreichen konnte, zu wissen, was wirklich ist, um zum mindesten in diesem Wissen einen Abstand zu gewinnen", sei vielleicht endgültig dahin.[18] Jünger, so Heidegger in einer anderen Notiz, leiste in seinen Beschreibungen „dieses Eine: durch Sehenlassen des Seienden [...] auf das Sein hinzuweisen, ohne doch nach ihm zu fragen".[19] An-

---

13 Heidegger, Erläuterungen zu Hölderlins Dichtung, GA 4, 8.
14 Heidegger, Zu Ernst Jünger, GA 90, 255.
15 Heidegger, Zu Ernst Jünger, GA 90, 256.
16 Heidegger, Zu Ernst Jünger, GA 90, 247–248.
17 Heidegger, Zu Ernst Jünger, GA 90, 213.
18 Heidegger, Zu Ernst Jünger, GA 90, 248.
19 Heidegger, Zu Ernst Jünger, GA 90, 73.

ders als der Dichter, der „das Seiende *zu* seinem Sein *aus* diesem"[20] ernennt, bleibt der Beschreiber im Seienden befangen. Der „Abstand", den seine Beschreibung zu geben verspricht, ist scheinhaft, weil er nicht aus der Erfahrung des Seins, genauer der Wahrheit des Seins als der für alles Sichzeigende wesentlichen Offenbarkeit, gewonnen ist. Dem Beschreiber, als den Heidegger den Autor des *Arbeiter* sieht, geht es nicht um die geschichtsgründende Stiftung, sondern allein um die Erkenntnis dessen, was ist – des Wirklichen oder Seienden. Damit verfehlt der Beschreiber nicht nur den Anspruch des Dichters. Er hält sich in einem Verständnis des Seins, das er als Antwort von einem übernimmt, der wirklich nach dem Sein fragt. Er hält sich an eine Antwort, die nicht aus dem Fragen gewonnen, sondern von einem Fragenden übernommen ist – an eine Antwort aus zweiter Hand.

Der Fragende, an den Heidegger in seiner Kritik der Beschreibung denkt, ist Nietzsche; seine von Jünger übernommene Antwort auf die Frage nach dem Sein ist der Gedanke des Willens zur Macht. Nietzsche, so betont Heidegger, habe, „um den Willen zur Macht als Wirklichkeit des Wirklichen ersehen – (er-denken)" zu können, „ein *Fragender* sein" müssen.[21] Ein Fragender, das heißt: ein genuiner Philosoph, der von dem fragwürdigen Ruf, ein „Dichterphilosoph" zu sein, befreit werden musste, um als der „strenge Denker", der er ist, gesehen und gewürdigt werden zu können.[22] Jünger hingegen, der Beschreiber, ist weder Dichter noch Denker. Er folgt dem originär Denkenden und Fragenden nach und hält sich in dem „Bezirk, den Nietzsche geöffnet" hat, als einer, „der sich der Antwort jenes Fragers unterstellt".[23] Darin ist er für Heidegger „der einzige echte Nachfolger Nietzsches"; Jünger sehe „das Seiende mit kalten und scharfen Augen überall als Wille zur Macht".[24] Aber die Sicht des Beschreibers mag noch so klar und scharf sein – zum philosophisch Entscheidenden dringt sie nicht vor. Der Beschreiber ist „Nachfolger"; er ist, in einer weniger anerkennenden und weniger freundlichen Variante gesagt, Epigone. Damit ist über seine Bedeutung für die Philosophie entschieden. Ein philosophisches Denken,

---

[20] Heidegger, Der Ursprung des Kunstwerkes, GA 5, 61.
[21] Heidegger, Zu Ernst Jünger, GA 90, 255.
[22] Heidegger, Nietzsche: Der Wille zur Macht als Kunst, GA 43, 6.
[23] Heidegger, Zu Ernst Jünger, GA 90, 259.
[24] Heidegger, Zu Ernst Jünger, GA 90, 227.

Am Rande der Philosophie

das ein Fragen sein will, kann sich nicht an die Epigonen halten, sondern nur an die Fragenden. Mit ihnen, im besonderen Fall also mit Nietzsche, gilt es, in „Auseinandersetzung" zu treten, um so, im „Abstand" zu den gefundenen Antworten, zum eigenen Fragen zu kommen. Durch die Auseinandersetzung sollen wir, wie Heidegger sagt, „für die höchste Anstrengung des Denkens frei werden".[25]

3.

Heideggers Auseinandersetzung mit Nietzsche ist wirklich um dieser Freiheit willen geführt worden. Nicht weniger als sechs Vorlesungen hat Heidegger ihm deshalb gewidmet. Auch in den *Beiträgen zur Philosophie* ist Nietzsche gegenwärtig. Sich mit Nietzsche auseinandersetzend, Abstand zu ihm suchend, denkt Heidegger gegen das Maßlose und „Riesenhafte" von „Berechnung", „Schnelligkeit" und Massenhaftigkeit, mit einem Wort: gegen die „Machenschaft"[26] als das Wesen der Moderne an. Halt findet er dabei in Hölderlin, der für ihn, in der Konstellation seines Denkens, die Gegenfigur zu Nietzsche ist. Dem Werk Hölderlins gelte es standzuhalten, während es das Werk Nietzsches zu überstehen gelte.[27] Sein eigenes Denken sieht Heidegger gespannt zwischen dem durch Nietzsche repräsentierten „Ende der abendländischen Philosophie"[28] und dem durch Hölderlins Dichtung gestifteten neuen Anfang der Geschichte.

Wenn es so ist – wozu braucht Heidegger dann noch den „einzig echten" Nachfolger Nietzsches, den Epigonen, den Beschreiber? Heideggers eigene Antwort ist klar; man muss ihn nur – und dieses Mal vollständig – zitieren. Den Beschreiber braucht Heidegger, weil es diesem gelang, „durch Sehenlassen des Seienden (im Charakter des Willens zur Macht) auf das Sein hinzuweisen, ohne doch nach ihm zu fragen".[29] Aber die Antwort ist unbefriedigend. Wozu der *Hinweis* auf das Sein, wenn die Frage nach diesem mit dem originären Philosophen Nietzsche schon im Spiel ist? Warum füllt Heideg-

---

25 Heidegger, Der Wille zur Macht als Kunst, GA 43, 6.
26 Zu diesen Begriffen und ihrer Erläuterung vgl. den zweiten Teil von Heideggers *Beiträgen zur Philosophie* (GA 65, 105–166).
27 Vgl. Heidegger, Grundfragen der Philosophie, GA 45, 136.
28 Heidegger, Grundfragen der Philosophie, GA 45, 133.
29 Heidegger, Zu Ernst Jünger, GA 90, 73.

ger über Jünger Seite um Seite und schreibt die Ränder des *Arbeiter* voll, wenn für ihn über dessen nachgeordnete Stellung kein Zweifel besteht? Fast scheint es, als habe Heidegger sich in seinen Notizen dieser Stellung immer wieder versichern müssen. Wiederholt beschäftigt er sich mit Jüngers Bestimmung der Arbeit als eines alle Lebensbereiche umfassenden und damit das Leben totalisierenden Vorgangs, um dann einzuwenden, dass Jüngers Leitgedanken nicht philosophisch entwickelt, sondern fraglos von Nietzsche übernommen seien. Die Beschreibungen jedoch, in denen nach Heideggers Urteil die Leistung Jüngers besteht, kommen in seinen Notizen kaum vor.

Was die Leitgedanken Jüngers betrifft, ist Heideggers Kritik berechtigt. Jüngers Begriffe sind nicht ausgewiesen und bleiben oft vage. Aber das ist nicht so, weil Jünger ein Epigone Nietzsches ist. Zwar hat Jünger sich im *Arbeiter* auf den Begriff des Willens zur Macht bezogen,[30] aber der Sache nach hat sein Leitbegriff, der Begriff der Gestalt, wenig mit dem Willen zur Macht zu tun. Den Begriff der Gestalt hat Jünger vielmehr von Hans Driesch übernommen, bei dem er eine Weile studiert hatte. Mit diesem Begriff hat er sich nicht am dynamischen, sich selbst erhaltenden und steigernden Lebensgeschehen, sondern an der Geschlossenheit des organischen Ganzen orientiert. Die Gestalt, so liest man im *Arbeiter*, sei „ein Ganzes, das mehr als die Summe seiner Teile umfasst";[31] wer eine Gestalt sehe, erfasse „ein Sein in der ganzen einheitlichen Fülle seines Lebens".[32] Gestalt ist das Einheitliche, das jedem ihm zugehörigen Einzelnen seinen Stellenwert und der von ihm umfassten Mannigfaltigkeit ihren Sinn gibt. Prägt eine Gestalt sich wie die Gestalt des „Arbeiters" geschichtlich aus, so bestimmt sie alles Einzelne des menschlichen Lebens neu; sie lässt das, was sich ihr nicht fügt, untergehen und bringt das in sie eingefügte Mannigfalte zu einer neuen Stimmigkeit.

Mit den grundsätzlichen Überlegungen, die zu diesem Resultat führen, ist Jünger schnell fertig. Sehr viel umfangreicher als der ihnen gewidmete erste Teil des *Arbeiter* ist der zweite, der die „Arbeit als Lebensart"[33] vorführt. Hier führt Jünger eine Reihe von Beob-

---

[30] Vgl. Ernst Jünger, Der Arbeiter. Herrschaft und Gestalt, SW 8, 9–317, hier 74.
[31] Jünger, Der Arbeiter, SW 8, 37.
[32] Jünger, Der Arbeiter, SW 8, 46.
[33] Jünger, Der Arbeiter, SW 8, 93.

Am Rande der Philosophie 103

achtungen zu Erscheinungsformen des modernen Lebens zusammen, aus denen er die Konturen der „Gestalt", die sich in diesem Leben ausprägt, verständlich machen will. Wenn Jüngers Buch über eine epochengeschichtliche Lebensgestalt Auskunft gibt, dann mit diesen Beobachtungen. Sie allein bezeugen, was mit dem Begriff der Gestalt gemeint ist; sie allein geben dem abstrakt und thetisch eingeführten Begriff einen Sinn, indem sie die Zusammengehörigkeit verschiedener Erscheinungsformen der Moderne offenbar werden lassen.

Heidegger sieht die Schwäche des jüngerschen Leitbegriffs in aller Schärfe und Deutlichkeit. Er sieht, dass hier etwas als Leitbegriff angesetzt und behauptet wird, das, gemessen am Maßstab philosophischer Begriffsbildung, kein Begriff ist. Gleichwohl fesselt ihn Jüngers Anspruch, die verschiedenen Erscheinungsformen modernen Lebens unter einem Leitbegriff zu fassen. Wenn Heidegger immer wieder konstatiert, Jünger löse seinen Anspruch nicht ein, so wird damit indirekt ein eigener Anspruch erhoben. Was Jünger versucht hat, will Heidegger einlösen – so ausarbeiten, wie es sich aus dem Wesen der Philosophie, also geführt durch die Frage nach dem Sein, ergibt. Wenn das gelingt, lässt sich die Einheitlichkeit des technisch geprägten Lebens als Möglichkeit des Seinsverständnisses denken, dergemäß das Seiende durchgängig technisch bestimmt wird. Heidegger hat diesen Anspruch mit dem in den vierziger Jahren entwickelten Begriff des „Ge-stells" erfüllt. Es dürfte kein Zufall sein, dass der Begriff den der Gestalt durchscheinen lässt.[34]

Heidegger sieht Jüngers Begriffsschwäche. Aber auf seine Stärke, also auf das Beschreiben, lässt er sich nicht ein. Er weist auf Jüngers Beschreibungskraft hin wie auf etwas, das jenseits seines Bereichs liegt: am Rande der Philosophie, auf der anderen Seite der Demarkationslinie, mit der die Philosophie sich umgeben hat, sobald sie sich allein über die Radikalität der Seinsfrage und der Begriffsbildung aus dieser Frage heraus bestimmt.

Die Randständigkeit der Beschreibung kommt daher, dass die Beschreibung nicht phänomenologisch im Sinne Heideggers ist. Anders als das philosophische Denken ist sie nicht von der Frage nach dem „Sein", also nach der Offenheit, aus und in der etwas ist, geleitet, sodass sie das Seiende auch nicht von dieser Offenheit her verstehen kann. Und anders als die Dichtung stellt die Beschreibung das Sei-

---

[34] Vgl. Heidegger, Einblick in das was ist, GA 79, 24–45.

ende nicht so in seiner Offenheit heraus, dass es als Sichzeigendes, als Phänomen, erfahren werden kann. Die Beschreibung ist weder fragend noch stiftend. Sie gehört nicht in den Bannkreis der Offenheit für das Sichzeigende, der Wahrheit des Seins, in dem Heideggers Denken seinen Ort hat.

Bedenkt man das Wesen der Beschreibung jedoch unbefangen, so wird klar, dass es auch in ihr um das Sichzeigende geht. Die Beschreibung ist durch etwas veranlasst, das aus der Selbstverständlichkeit heraustritt und auffällig wird. Was derart heraustritt, zeigt sich. Doch was derart von ihm selbst her da ist, hat eher den Charakter eines Anspruchs und eines Versprechens. Es zeigt sich nicht in erfüllter Evidenz, sodass es als ‚es selbst‘, als das, was es ist, da wäre. Vielmehr zeigt es sich als etwas, *das gezeigt werden muss*; nur indem es gezeigt wird, kann es sich wahrhaft zeigen. Seine Phänomenalität ist nicht an ihm selbst erfüllt, sondern erfüllt sich in der Vermittlung des Zeigens – in der Beschreibung.

Der Sachverhalt dürfte aus vielen Erfahrungen bekannt sein. Was man gesehen oder erlebt hat, gewinnt Klarheit und Deutlichkeit erst dadurch, dass es zur Sprache kommt. In einer Erzählung zum Beispiel sind die handelnden Personen, ihre Motive und Bezüge verständlicher als in einer Handlungssituation. Die Dinge der Welt gewinnen Kontur und Tiefe, Glanz und Leuchtkraft nicht für den alltäglich über sie hinweg gleitenden und nur zu lebenspraktischen Zwecken fixierenden Blick, sondern durch die Beschreibung.

Bei der Lektüre von Jüngers besten Texten stellt diese Erfahrung sich ein. Dann ist es, als seien die Dinge in eine Überwirklichkeit getreten, und erst in der für die Beschreibung wesentlichen Optik sähe man, was die Dinge in Wahrheit sind. Dieses ‚in Wahrheit‘ geht dann allein auf die beschreibende Sprache zurück. Ihr Hervortreten und Sichzeigen verdanken die Dinge der Genauigkeit und klaren Fügung der Sprache, dem in der Sprache spielenden Wechsel von lakonischer Benennung und Reflexion. Die Dinge sind Phänomene, indem sie gezeigt werden, und gezeigt werden sie dadurch, dass die zeigende Sprache ihre eigene durchsichtige Ordnung offen legt und darin sich selbst zeigt.

Diese vermittelte, allein durch die Kunst mögliche Phänomenalität stellt sich nur ein, wenn die Kunst nicht durch Begriffe geführt und vereinheitlicht wird. Insofern macht Jünger es seinem kritischen Leser mit dem *Arbeiter* leicht. Das Buch evoziert Begriffe, ohne begrifflich zu sein; es suggeriert das einheitliche Bild einer „Gestalt",

Am Rande der Philosophie

ohne die beschriebenen Momente der modernen Welt als Ausprägungen dieser Gestalt zu erweisen. Jünger konstruiert, statt seinem Gespür für das Neue, Unselbstverständliche und der Kraft seiner Beschreibungen zu vertrauen. Der *Arbeiter* ist wirklich ein Werk am Rande der Philosophie. Doch einer Lektüre, für die nur die Begriffe in Betracht kommen, während die Beschreibung jenseits bleibt, entgehen deren ureigene, durch keine philosophische Frage ersetzbaren Möglichkeiten des Phänomenalen. Ihr entgehen die Möglichkeiten einer Literatur, die keine Stiftung sein will und damit vielleicht anzeigt, dass der Anspruch, Stiftung zu sein, jede Dichtung und Literatur überfordert. Dabei kann sich ein philosophisches Denken, dem es um die Offenbarkeit des Seienden als einem Sichzeigenden geht, in die phänomenale Offenheit der Beschreibungen einfinden und hier, in einer Sprache, die anders ist als die der Literatur und ihr dennoch nicht fremd, seine eigenen Möglichkeiten realisieren.

Die Seite an Jüngers Schreiben, die ihm diese Möglichkeit eröffnet hätte, bleibt Heidegger fremd. In deutlicher Anspielung auf *Das abenteuerliche Herz* bemerkt er einmal zum „abenteuerlichen Menschen", dass dieser die Sorge des Ausharrens und der Erinnerung, wie sie in Hölderlins *Andenken* zur Geltung komme, nur für „Schwäche und Kümmernis" halten könne, „da er nur subjektiv und d.h. metaphysisch" denke und „angeblich die Härte" liebe. Wenn diese versage, nehme „er die Zuflucht zu irgend einem Rausch und sei dies nur der Blutrausch".[35] Doch die Abenteuerlichkeit des *Abenteuerlichen Herzens* ist anders. Es ist die Freude an der „durchsichtigen Bildung" der Welt, „an der unserem Blick Tiefe und Oberfläche zugleich einleuchten".[36] Und es ist die Freude an der Vielfalt dessen, was sich zeigt und gezeigt werden kann: „Dies alles gibt es also."[37]

---

[35] Heidegger, Hölderlins Hymne „Andenken", GA 52, 181. Vgl. auch: Heidegger, Grundbegriffe, GA 51, 36.
[36] Ernst Jünger, Das abenteuerliche Herz. Zweite Fassung, SW 9, Stuttgart 1979, 177–330, hier 182.
[37] Ernst Jünger, Das abenteuerliche Herz. Erste Fassung, SW 9, Stuttgart 1979, 31–176, hier 176. Der Satz wurde der zweiten Fassung des Werks als Motto vorangestellt.

Markus Wild

Heidegger, Staiger, Muschg.
Warum lesen wir?

Auf die Frage „Warum essen wir?" wird man unwillkürlich antworten, dass wir essen müssen, um zu leben. Anders steht es mit der Frage: „Warum essen wir, was wir essen?" Hier scheint sich eine Antwort nicht ebenso unwillkürlich einstellen zu wollen. Die Frage endlich, was das Essen mit uns tut und was wir essen sollten, weist nochmals in eine andere Richtung. Meine Frage „Warum lesen wir?" zielt nicht auf die Kulturtechnik des Lesens als praktische Fertigkeit der Informationsaufnahme. Ebensowenig soll die Frage gestellt werden, warum wir lesen, was wir lesen. Vielmehr interessiert mich im Folgenden das Lesen in einem *emphatischen* Sinn: Was *tut* das Lesen mit uns? Warum *sollten* wir bestimmte Texte lesen? Im Herzen der Auseinandersetzung zwischen Martin Heidegger, Emil Staiger und Walter Muschg um die Interpretation von Dichtung zeichnet sich eine Antwort auf diese Frage ab. Dieser Antwort soll im Folgenden Gestalt und Kontur verliehen werden. In einem ersten Teil soll gezeigt werden, dass der Kern der Kontroverse zwischen Staiger und Heidegger um einen Vers von Mörike darin besteht, dass der Philosoph dem Literaturhistoriker vorwirft, in einem repräsentationalistischen Paradigma zu verharren. Diese Kontroverse ist die öffentliche Fortsetzung eines privaten Austauschs. Der Charakter dieses Austauschs ist jedoch ein Aneinandervorbeireden. Im zweiten Teil wird anhand des harschen Urteils, das der streitbare Basler Germanist Walter Muschg über Heidegger fällt, das Gemeinsame dieses Aneinandervorbeiredens in den Blick genommen. Zwar bin ich nicht der Ansicht, dass Muschgs Urteil völlig unberechtigt wäre, doch geht es mir weniger darum, sein Urteil zu unterschreiben, als darum, mit seiner Hilfe einen Blick auf das zu gewinnen, worum es in Heideggers Deutung von Literatur für uns gehen könnte. Heidegger, so lautet meine These, kann man in seinen Deutungen von Dichtung als einen exemplarischen emphatischen Leser verstehen. Dies trifft womöglich nicht unbedingt alles, worum es Heidegger geht. Deshalb betone ich, dass ich zeigen will, worum es in Heideggers Deutung von Literatur *für uns* gehen könnte.

1. Was aber schön ist: Heidegger versus Staiger

Im Herbst 1950 hält Emil Staiger in Freiburg einen Vortrag mit dem Titel *Die Kunst der Interpretation*.[1] Im Publikum verfolgt Heidegger aufmerksam mit, wie der Zürcher Germanist Mörikes Gedicht *Auf eine Lampe* interpretiert. In einem zur Jahreswende 1950/51 geführten Briefwechsel äußern sich beide kontrovers über die ersten und letzten Verse von Mörikes Gedicht.[2] Diese lauten:

> Noch unverrückt, o schöne Lampe, schmückest du
> [...]
> Die Decke des nun fast vergeßnen Lustgemachs.
> [...]
> Ein Kunstgebild der echten Art. Wer achtet sein?
> Was aber schön ist, selig scheint es in ihm selbst.

Im Brennpunkt der Auseinandersetzung stehen die Wörter „scheint" und „ist" sowie Mörikes Rede über das Kunstwerk. Heidegger liest das „scheint" als *lucet* und betont im letzten Vers das „ist". Man kann seine Deutung wie folgt wiedergeben: Was aber schön *ist*: Es scheint, wie jedes echte Kunstwerk, auf selige Weise in ihm selbst.[3]

---

[1] Der Vortrag ist im Neophilologus 35/1 (1951), 1–15 erschienen.
[2] Der Briefwechsel erscheint 1951 in der von Staiger mit herausgegebenen Zeitschrift Trivium: Trivium 9/1 (1951), 1–16. Im selben Jahr findet in Zürich anlässlich eines Seminars eine Aussprache zwischen Staiger, Heidegger und Studenten statt. Staiger nahm den Austausch in eine Essaysammlung auf: Emil Staiger, Die Kunst der Interpretation. Studien zur deutschen Literaturgeschichte, München 1971. Vgl. Heidegger, Aus der Erfahrung des Denkens, GA 13. Die folgenden Zitate aus dem Briefwechsel stammen aus GA 13.
[3] Heidegger fasst den Interpretationsstreit wie folgt zusammen: „Sie lesen *selig scheint es in ihm selbst* als felix in se ipso (esse) videtur. Sie nehmen das *selig* prädikativ und das se ipso zu felix. Ich verstehe es adverbial, als die Weise wie, als Grundzug des ‚Scheinens', d. h. des leuchtenden Sichzeigens, und nehme das in eo ipso zu lucet. Ich lese: feliciter lucet in eo ipso; das *in*

Die Betonung auf „ist" widerspricht der Auffassung Staigers. Er versteht das „scheint" als *videtur* und liest: Was aber *schön* ist, das ist, wie es scheint, selig in ihm selbst. Kein trügerischer Schein ist gemeint, sondern vielmehr ein Wahrscheinlichkeitsschein: Es scheint ganz so, aber sicher ist es nicht. Denn Mörike ist für Staiger ein Dichter, der sich – anders als Goethe – nicht mehr ganz zutraue, zu wissen, wie es um die Schönheit bestellt sei, denn er sei ein Dichter der Spätzeit, der rückwärts gewandt im Lichte der untergehenden Sonne Goethes stehe. Demgegenüber spannt Heidegger den geschichtlichen Rahmen weiter und meint, dass der Spätling Mörike mit diesem Gedicht in die Nähe des Beginns der abendländischen Kunst gelange. Im Gedicht gehe es um das Wesen des Kunstwerks. Staiger sieht durch diese Tendenz zur Verwesentlichung die Individualität des Dichterischen in Gefahr. Entsprechend lautet sein Fazit der Kontroverse: „Sie lesen das Gedicht als Zeugnis *des* Dichterischen und *des* Schönen in seiner wandellosen Einfachheit. Ich lese es mehr als Zeugnis der besonderen, unwiederholbaren Art des Dichterischen und des Schönen, die in Mörike um die Mitte des letzten Jahrhunderts wirklich geworden ist."[4] Hier liegt nun der thematische Kern der Kontroverse. Wie gesagt liest Heidegger den letzten Mörike-Vers wie folgt: Was aber schön *ist*: Es scheint, wie jedes echte Kunstwerk, auf selige Weise in ihm selbst. Das Schöne in Mörikes Gedicht ist die schöne Lampe. Indem sich das Gedicht der Lampe selbst zuwendet, wendet es sich dem schönen Kunstwerk zu, das sichtbar macht. Der Schein der Lampe zeigt den Raum, in dem sie sich befindet. Ihr Scheinen ist Bedingung dafür, dass sich überhaupt etwas zeigt. Dies ist kein beliebiges Scheinen, vielmehr lichtet die Lampe den Raum, in dem sie hängt.[5] Mörikes Gedicht sagt, was ein echtes Kunstwerk ist, und entsprechend fasst Heidegger seine Deutung zusammen: „Die schon erloschene Lampe leuchtet noch, indem sie als schöne Lampe lichtet: sich zeigend (scheinend) ihre Welt (das Lustgemach) zum Scheinen bringt."[6] Vor diesem Hintergrund

---

ihm selbst gehört zu *scheint*, nicht zu *selig*; das *selig* ist erst die Wesensfolge des ‚in ihm selbst Scheinens'. Die Artikulation und der ‚Rhythmus' des letzten Verses haben ihr Gewicht im *ist*. ‚Was aber schön ist (ein Kunstgebild echter Art *ist*), *selig* scheint *es in ihm selbst!*' Das ‚Schön-Sein' ist das reine ‚Scheinen'." (Heidegger, Aus der Erfahrung des Denkens, GA 13, 95–96)
4 Heidegger, Aus der Erfahrung des Denkens, GA 13, 109.
5 Vgl. auch Heidegger, Erläuterungen zu Hölderlins Dichtung, GA 4, 160.
6 Heidegger, Aus der Erfahrung des Denkens, GA 13, 107.

schreibt Heidegger an Staiger: „In der Sache aber gibt es auch kein recht gedachtes ‚scheinen' im Sinne von ‚nur so aussehen als ob …', ohne den zugrundeliegenden Bereich des Scheinens im Sinne von sich offenbarendes Entbergen eines Anwesenden. Das griechische φαίνεσθαι sagt beides. Dabei spricht das φαίνεθαι in der Bedeutung von ‚es scheint nur so' immer noch anders als das römische videtur, das vom Betrachter her spricht."[7] Die letzten Worte des Zitats zeigen den gesuchten thematischen Kern der Kontroverse. Versteht man nämlich „scheinen" wie Staiger, so wird das Gedicht nicht *vom Kunstwerk*, sondern *vom Betrachter* her erfasst. Heidegger zufolge ist ein Kunstwerk nicht von etwas anderem her, vom Produzenten oder Rezipienten, zu verstehen, sondern aus dem, was Kunst ist. Im repräsentationalistischen Vokabular um den *Betrachter* wird Kunst als etwas aufgefasst, das der Rezipient vorstellt und der Produzent herstellt.[8] Grundsätzlich steht in diesem Vokabular ein vorstellendes Subjekt einer vor- und hergestellten Welt gegenüber. Es ist dieses repräsentationalistische Paradigma, das Staiger in Heideggers Augen blind für Mörikes Gedicht macht. Staiger missverstehe das Gedicht, weil er es nicht von ihm her denke, nicht von dem, was es sei, nämlich ein Kunstwerk, sondern vom Betrachter her vorstelle. Und tatsächlich geht Staiger so vor. Seiner Meinung nach weiß Mörike nicht mehr, wie es der Schönheit zu Mute ist, so dass auch er sie von außen betrachtet. Wir, die Leser des Gedichts, stehen noch weiter abseits, wir wissen noch weniger, wie es der Schönheit zu Mute ist. Uns muss Staiger, der Interpret, so gut es aus dieser Entfernung eben noch geht, vermitteln, wie es um das Kunstwerk steht. Staiger versucht sich in der Kontroverse nämlich zum Fürsprecher des „eigentlich Dichterischen"[9] zu machen und beharrt auf der Individualität der Dichtung *und* des interpretatorischen Zugangs zu ihr.

Wie sieht dieser Zugang aus? Staiger zufolge ist das Gefühl die Grundlage der Interpretation: „Es ist mir klar, dass ein solches Geständnis im Raum der Wissenschaft Anstoß erregt. Das allersubjek-

---

[7] Heidegger, Aus der Erfahrung des Denkens, GA 13, 101.
[8] Auch andere Stellen im Briefwechsel zeigen, dass Heidegger sich an der Außenperspektive stößt. So spricht er davon, dass „das Schöne niemals erst durch […] Dafürhalten das Schöne wird". Und er setzt das In-sich-schönsein ab vom „bloß als schön vorgestellt werden" (Heidegger, Aus der Erfahrung des Denkens, GA 13, 106).
[9] Staiger, Die Kunst der Interpretation, 9.

tivste Gefühl gilt als Basis der wissenschaftlichen Arbeit!"[10] Staiger glaubt, diesen Zugang durch Verweise auf Heideggers *Sein und Zeit* rechtfertigen zu dürfen. Erstens gehe es in allen Wissenschaften darum, „das Ganze aus dem Einzelnen, das Einzelne aus dem Ganzen zu verstehen" und auf richtige Weise in diesen Verstehenszirkel „hineinzukommen".[11] Richtig in den Zirkel hinein kommt der Interpret durch sein Gefühl. Zweitens fasst Staiger Heideggers ‚Stimmungen' als Gefühle auf. So ist er beispielsweise der Ansicht, Stifter sei der Dichter der Ehrfurcht, und entsprechend sei die Ehrfurcht das angemessene Gefühl, wenn man Stifter lese.

Dieses gefühlsmäßige Verstehen ist für Staiger methodologisch grundlegend. Dem Interpreten könne sich ein Kunstwerk ohne Gefühl gar nicht erschließen und eine Interpretation entbehre der Kriterien ihrer Richtigkeit, wenn das Gefühl sie nicht reguliere. Dem Gefühl kommt hier also sowohl eine erschließende als auch eine regulative epistemische Funktion zu.[12] Was wir in ersten Begegnungen mit einem Gedicht wahrnehmen, ist laut Staiger weder der „volle Gehalt" noch „Einzelnes", sondern sein *Rhythmus,* und auf dem Rhythmus beruhe „der Stil eines dichterischen Gebildes".[13] Im *Stil* werde das Mannigfaltige einer Einzeldichtung, eines Gesamtwerks oder einer Literaturepoche eins.[14] Ohne die in der emotionalen Reaktion gegebene Wahrnehmung des Rhythmus fände der Interpret keinen Ausgangspunkt, er nähme „überhaupt nichts wahr", er „wüsste nicht, was bedeutsam ist".[15] Seine Aufgabe bestehe dann darin, die emotionale „Wahrnehmung abzuklären und sie im einzelnen nachzuweisen".[16] Stimme das Gefühl, so bewahre es die weitere

---

[10] Staiger, Die Kunst der Interpretation, 10.
[11] Staiger, Die Kunst der Interpretation, 9.
[12] Die lange eher verkannte Rolle von Gefühlen in epistemischen Prozessen wird neuerdings in genau diesem Sinne mehr und mehr hervorgehoben. So sagt etwa Ronald de Sousa: „Emotions are species of determinate patterns of salience among objects of attention, lines of inquiry, and inferential strategies." (Ronald de Sousa, The Rationality of Emotion, Cambridge, MA 1987, 195)
[13] Staiger, Die Kunst der Interpretation, 11.
[14] Je vollkommener diese Einheit, desto vollkommener das Objekt: „Kunstgebilde sind vollkommen, wenn sie stilistisch einstimmig sind." Gegenstand einer Interpretation ist der unverwechselbare Stil eines Kunstwerks (Staiger, Die Kunst der Interpretation, 12, vgl. auch 15).
[15] Staiger, Die Kunst der Interpretation, 12.
[16] Im Nachweis, dass das Gefühl stimmt, wird gezeigt, „wie alles im Ganzen und wie das Ganze zum einzelnen stimmt". Ob das Gefühl stimmt oder

Interpretation vor „Fehlern und Missverständnissen".[17] Der Verstehenszirkel erfülle sich in der „Vorerkenntnis des ersten Gefühls und in dem Nachweis, dass es stimmt".[18] Das „Kriterium des Gefühls"[19] ist Staiger zufolge deshalb das Kriterium für die Richtigkeit *und* Wissenschaftlichkeit einer Interpretation. Gefühle erschließen also den Gegenstand und regulieren seine Behandlung.[20]

Was heißt es aber, dass ein Gefühl *stimmt*? Staigers Wahrheitsauffassung entspricht nicht einer Korrespondenz-, sondern eher einer Kohärenztheorie. Dieser zufolge bleibt es denkbar, dass eine andere Interpretation ihrerseits einen Stimmigkeitsnachweis erbringt: „Wenn beide Darstellungen wahr sind, so werden sie sich nicht widersprechen."[21] Mörikes Schlussvers *und* die Kunst der Interpretation stimmen so, wie Staiger in Reaktion auf Heidegger betont, in einem „Abrücken von der unbedingten Gewissheit" überein.[22] Deshalb ist die Bedeutung von „scheinen" als dem Wahrscheinlichkeitsschein für Staiger so wichtig – ebenso wichtig wie für Heidegger die Betonung des „ist". Anders als Heidegger meint also Staiger, dass die Perspektive des Betrachters das Kunstwerk auf *sachgerechte* Weise erschließe. Nur die emotionale Reaktion – insbesondere Liebe und Verehrung – sei dem Wesen des Dichterischen gemäß, denn emotionale Reaktionen erschlössen Individuelles und Einzigartiges und Dichtungen seien wie Personen wesentlich individuell und einzigartig.[23]

---

nicht, zeige sich einerseits über die Relation zum historischen Kontextwissen, andererseits über die Relation zu ästhetischen Maximierungsunterstellungen wie Einheit, Stimmigkeit, Harmonie usw. (Staiger, Die Kunst der Interpretation, 12, vgl. auch 13–16).

[17] Staiger, Die Kunst der Interpretation, 12.
[18] Staiger, Die Kunst der Interpretation, 15.
[19] Staiger, Die Kunst der Interpretation, 11.
[20] Zum Schluss seines Vortrags meint Staiger: „Ich habe mein Gefühl geprüft und den Nachweis erbracht, dass es stimmt." (Staiger, Die Kunst der Interpretation, 27)
[21] Staiger, Die Kunst der Interpretation, 27.
[22] Heidegger, Aus der Erfahrung des Denkens, GA 13, 99.
[23] Das ist für Heidegger Ästhetik. Unter Ästhetik versteht er, wie es im Nietzsche-Buch heißt, die „Betrachtung des Gefühlszustands des Menschen in seinem Verhältnis zum Schönen, […] Betrachtung des Schönen, sofern es im Bezug zum Gefühlszustand des Menschen steht" (Heidegger, Nietzsche I, GA 6.1, 92). Ästhetik nimmt das Kunstwerk als einen Gegenstand und bestimmt ihn aus dem *Erlebnis*, das sowohl für die Rezeption als auch für die Produktion maßgeblich sein soll. Die ästhetische Betrachtung versteht Kunst vom Subjekt her und verharrt so auch im repräsentationalistischen Paradigma.

Die Kontroverse zwischen Heidegger und Staiger dreht sich also um den sachgemäßen Zugang zur Dichtung; dabei vertreten beide ganz unterschiedliche Ansätze.

Diese Kontroverse ist die öffentliche Fortsetzung eines privaten Austauschs, der bereits den Charakter eines gemeinsamen Aneinandervorbeiredens hat. Staiger und Heidegger kannten sich persönlich seit Januar 1936, seit Heideggers Vortrag über den *Ursprung des Kunstwerks* in Zürich. Nach dieser Begegnung tauschten sie Briefe und Schriften aus.[24] Staiger entwickelte in seinen Arbeiten von etwa 1936 bis 1950 eine auf seiner Lektüre von *Sein und Zeit*, den Analysen des hermeneutischen Zirkels, der Befindlichkeit und vor allem der Zeitlichkeit basierende literaturwissenschaftliche Methodologie und Anthropologie. Er wurde in der Schweiz zum vehementen Fürsprecher Heideggers.[25] Unmittelbar nach dem Krieg hoffte Heidegger in Staiger einen gleichsam neutralen Verbündeten zu finden. So schrieb er ihm 1946: „Es wäre nötig, über vieles Wesentliche zu sprechen – wie wir es künftig mit der Dichtung halten müssen, wie sie in die kommende Geschichte hereinsprechen soll, wie wir ihr zum Wort verhelfen. Das sind kaum gedachte Grundfragen einer ,Philologie' im höheren Sinne."[26] Doch dafür wollte sich Staiger

---

[24] Offenbar war der Privatdozent dem vortragenden Professor durch seine gespannte Aufmerksamkeit aufgefallen (vgl. Emil Staiger, Streiflichter, in: Günther Neske (Hrsg.), Erinnerungen an Martin Heidegger, Pfullingen 1977, 229). Am 11.08.1936 schreibt Heidegger an Staiger: „Seit ich Sie in meinem Vortrag vor mir sitzen sah – ohne Sie zu kennen – sind Sie mir genug ausgewiesen." (Werner Wögerbauer (Hrsg.), Der Briefwechsel zwischen Martin Heidegger und Emil Staiger, in: Geschichte der Germanistik 25/26 (2004), 34–79, hier 42)

[25] In der *Neuen Zürcher Zeitung* vom 20.01.1936 fand sich eine Besprechung von Heideggers Kunstwerk-Vortrag durch Hans Barth. Neben einer sachlichen Zusammenfassung des Vorgetragenen beinhaltete sie eine Kritik an Heideggers Haltung von 1933. Staiger reagierte prompt und scharf: „Durchaus ungereimt ist es aber, Heideggers politische Einstellung in den Vordergrund zu rücken, wie es [Barth] für gut hält, ebenso ungereimt, wie wenn man sein Urteil über die Kritik der reinen Vernunft mit einer Bemerkung über Kants Einstellung zur Französischen Revolution eröffnen wollte." Dem pragmatischen Schweizer, so Staiger, wolle es eben nicht einleuchten, dass in Deutschland der Philosophie eine vom politischen und gesellschaftlichen Umfeld ganz unabhängige, königliche Würde zukomme (Emil Staiger, Noch einmal Heidegger, in: NZZ 23.01.1936).

[26] Brief vom 08.10.1946, in: Wögerbauer (Hrsg.), Briefwechsel Heidegger/Staiger, 44.

nicht gewinnen lassen. Vielmehr machte sich bei ihm eine „Entfremdung" bemerkbar, für die er in einem Brief vom 10. März 1949 zwei Gründe nennt:[27] Erstens bemerke er in seinen eigenen Arbeiten eine Bedrohung durch eine „Erstarrung (in temporalen Kategorien)". Er habe nun „keinen lebhafteren Wunsch, als möglichst philologisch zu verfahren, und dem Einzelnen, Individuellen tunlichst gerecht zu werden."[28] Wie wir gesehen haben, trifft dies auch den thematischen Kern der öffentlichen Kontroverse. Der zweite Grund hingegen bleibt privat. Er liegt in der Denkentwicklung Heideggers, der Staiger „ratlos, beunruhigt, ergriffen und hilflos" gegenübersteht. In Heideggers Überwindung der Metaphysik höre er nur noch Mystik und Rätselsprüche und fürchte, dass ein Weg begangen werde, auf dem „grundsätzlich keine Sprache, keine sprachliche Fassung und Mitteilung mehr möglich ist".[29]

Heidegger akzeptiert diese Gründe nicht. Er sieht den Gegensatz zwischen dem Konkreten und dem Abstrakten als unzureichende Charakterisierung des Unterschieds von Philologie und Philosophie.[30] Auch die Literaturwissenschaft müsse sich auf Grundsätzliches besinnen und dazu gehöre „das Wesen der Sprache u. der Dichtung".[31] Er verwehrt sich gegen die Vorwürfe an seinen Sprachgestus und erklärt den Sinn der Überwindung der Metaphysik mit

---

[27] Bereits Ende 1944 zeichnet sich diese Differenz in einem NZZ-Artikel Staigers über *Die neuere Entwicklung Martin Heideggers* ab.
[28] Wögerbauer (Hrsg.), Briefwechsel Heidegger/Staiger, 48. Gemeint ist: Emil Staiger, Grundbegriffe der Poetik, Zürich 1946.
[29] Alle Zitate aus: Wögerbauer (Hrsg.), Briefwechsel Heidegger/Staiger, 49. Staiger verweist noch auf einen dritten Grund, nämlich Goethe: „Selbst Hölderlin sehe ich immer deutlicher als eine Provinz des Goetheschen Geistes, allerdings in dem Sinne, daß Goethe sich als Mensch, Künstler, Weiser auf das Mögliche einschränkt, während Hölderlin das Unmögliche begehrt und daran scheitert. Die neuerdings Mode gewordene Apotheose des Scheiterns (Jaspers!) ist mir aber ganz unerträglich. Gemeinschaft, Menschenmögliches, Lebenerhaltendes – wer sollte sich heute diesen Dingen entziehen dürfen?" Mit dieser Frage formuliert Staiger übrigens das Programm, das ihn hin zu seiner berüchtigten Zürcher Rede über Literatur und Öffentlichkeit von 1966 führen wird.
[30] Vgl. Wögerbauer (Hrsg.), Briefwechsel Heidegger/Staiger, 50: „Goethe sagt, was die Philosophie von jeher wusste, daß jede Tatsache Theorie ist."
[31] Vgl. Wögerbauer (Hrsg.), Briefwechsel Heidegger/Staiger, 51: „Ohne diese Urphänomene wird diese Wissenschaft, wie jede andere, zur Selbstvergötzung einer Institution und Technik, auch wenn sie noch so konkret arbeitet."

den Worten: „Daß nun aber die Philosophie meint, sie wüßte schon von selbst und endgültig, was das ‚ist' sagt, daß ein solches Meinen der Philosophie das Nächste alles Denkwürdigen zunächst übersprungen hat und noch überspringt, daß dieses Überspringen rückgängig gemacht werden muß, wenn der heutige u. künftige Mensch dieser Erde noch einmal der Seinsvergessenheit entrissen und in das Element der Urphänomene geleitet werden soll, das ist, ohne alle Mystik und Rätselsprüche der ganze Sinn der Überwindung der Metaphysik."[32] Der öffentliche Briefwechsel ist also offensichtlich eine Fortsetzung des privaten. Staiger wird sich öffentlich bemühen, dem Individuellen gerecht zu werden, Heidegger wird öffentlich machen, dass Staiger das „ist" in Mörikes Versen überspringt. Diese Kontroverse wird, wie sich zeigen ließe, auch noch *nach* dem öffentlichen Briefwechsel implizit fortgesetzt, und zwar in den jeweiligen Äußerungen über das Wesen der Interpretation und über Dichter wie Trakl oder Stifter.[33] Diese Texte dürfen deshalb sozusagen als die

[32] Wögerbauer (Hrsg.), Briefwechsel Heidegger/Staiger, 51–52.
[33] Zeitgleich mit der Briefdebatte um Mörikes Verse befasst sich Heidegger mit Georg Trakl in *Georg Trakl. Eine Erörterung seines Gedichts*, vorgetragen am 07.10.1950 und 14.02.1951, publiziert im Merkur 61 (1952), 226–258 und erweitert seine Erläuterungen zu Hölderlin um das *Andenken*. Während es Staiger um ein Verständnis des Stils aus dem Rhythmus zu tun ist, geht es Heidegger um einen „Wechselbezug zwischen Erörterung und Erläuterung" (Heidegger, Unterwegs zur Sprache, GA 12, 38). Eine Erörterung nenne den Ort, in dem sich das Unausgesprochene des Gedichts jedes großen Dichters versammle und aus dem „die Woge [entquillt], die jeweils das Sagen als ein dichtendes bewegt" (Heidegger, Unterwegs zur Sprache, GA 12, 38). Jeder große Dichter dichtet ja nur aus einem einzigen Gedicht und dieses bleibt unausgesprochen. Aber natürlich muss das unausgesprochene Gedicht durch die manifesten Dichtungen erschlossen werden. Und diese Erschließung nennt Heidegger Erläuterung. Staiger zufolge beruht auf dem Rhythmus der Stil, doch der Rhythmus ergibt sich wiederum nur aus dem Stil. In diesen Zirkel hinein gelangt der Interpret, wie wir gesehen haben, durch das Gefühl. Heidegger meint, dass eine Erörterung des Gedichts nur über Erläuterungen der Dichtungen geschehen könne, aber man sehe leicht, so schreibt er, „dass eine rechte Erläuterung schon die Erörterung voraussetzt" (Heidegger, Unterwegs zur Sprache, GA 12, 38). Er verliert jedoch im Trakl-Aufsatz kein Wort über diesen Zirkel. Der affektiven Methodologie weist Heidegger als einem dem Gedicht rein äußerlichen Zugang ausdrücklich den zweiten Rang zu. Denn unmittelbar nach seiner Erklärung dessen, was Erörterung sein solle, schreibt Heidegger: „Der Ort des Gedichts birgt als die Quelle der bewegenden Woge das verhüllte Wesen dessen, was dem metaphysisch-ästhetischen Vorstellen zunächst als Rhythmus erscheint." (Heidegger, Un-

öffentliche Nichtfortsetzung jenes Briefwechsels betrachtet werden, der 1936 begonnen hatte.

Doch schon dieser Beginn stand unter dem Zeichen eines Missverständnisses.[34] Seit ihrer Kontaktaufnahme 1936 befindet sich Heidegger gar nicht mehr dort, wo ihn Staiger zu finden meint. Auch Staigers methodologische und anthropologisierende Aneignung von *Sein und Zeit* beruht, wie er nachträglich bemerkt, auf einem produktiven Missverständnis.[35] Dies macht deutlich, dass es sich hier um ein mehr als dreißigjähriges gemeinsames Aneinandervorbeireden handelt. Für Heidegger begann 1936 eine Wandlung, die Staiger zuerst nicht wahrnehmen konnte, dann als Entfremdung und schließlich als Missverständnis sehen musste. Für Staiger wiederum begann in den späten 1940er Jahren eine Zuwendung zu Goethes Humanismus, die sich nicht mit Heideggers Auffassung des Humanismus vertrug. Allerdings wäre ein solches Aneinandervorbeireden nicht möglich gewesen, wenn die beiden Autoren nicht auf einem

---

terwegs zur Sprache, GA 12, 38) Diese Passage aus dem Trakl-Aufsatz ist meines Erachtens direkt gegen Staiger gerichtet. (Wie alle Passagen, in denen sich Heidegger gegen das bloße Vorstellen ausspricht.) Staiger reagiert denn auch. In der wichtigen Einleitung zum Buch *Stilwandel* verweist er darauf, dass sein Grundbegriff des Stils nicht nur die Oberfläche berühre, sondern „das alles Durchwaltende ist, die [und hier zitiert er Heidegger] ‚Fuge, die alles Verfügte fügt'". Das könne man zwar intuitiv erfassen, doch wer das so Erfasste klären möchte, „der wird das Eine, das im Manigfaltigen waltet, als ‚Rhythmus' deuten und im Rhythmus die Urfigur eines bestimmten geschichtlichen Daseins erkennen." Ein Werk interpretieren, heiße dann letztlich seine temporale Struktur zu enthüllen, und die manifestiere sich im Rhythmus (Emil Staiger, Stilwandel. Studien zur Vorgeschichte der Goethezeit, Zürich 1963, 12). Vgl. Emil Staiger, Zu einem Gedicht Georg Trakls, in: Euphorion 55 (1961), 279–296 (wieder abgedruckt in: Emil Staiger, Spätzeit, Zürich 1973, 271–296). Dies ist eine Antwort auf Heideggers Erörterung von Trakls Gedicht. Ebenfalls können, wie ich vermute, Staigers und Heideggers Arbeiten zu Stifter als Fortsetzung der Kontroverse gelesen werden, Staigers Aufsatz *Reiz und Maß* von 1968 (Staiger, Spätzeit, 223–246) als Antwort auf Heideggers Kommentar zu Stifters *Eisgeschichte* (Heidegger, Aus der Erfahrung des Denkens, GA 13, 185–198).
[34] Der Brief von 1949, der Staigers Entfremdung Ausdruck gibt, verweist ausdrücklich auf die Publikation im selben Jahr von Heideggers *Brief über den Humanismus*.
[35] Vgl. Emil Staiger, Martin Heidegger. Eine Rede, gehalten in Amriswil an der Feier zum 80. Geburtstag des Philosophen, in: NZZ 05.10.1969; Emil Staiger, Ein Rückblick, in: Otto Pöggeler (Hrsg.), Heidegger, Köln 1969, 242–245; Werner Wögerbauer (Hrsg.), Briefwechsel Heidegger/Staiger, 37.

gemeinsamen Grund gestanden hätten. Was ist das *Gemeinsame* ihres Aneinandervorbeiredens? Mit dieser Frage komme ich zum zweiten Teil.

2. Zerschwatzte Dichtung: Muschg versus Staiger und Heidegger

Auf einer Podiumsdiskussion im Jahre 1962 sagt Muschg: „Für mich ist Heidegger ein Sprachverbrecher."[36] Was meint er damit? In seinem Aufsatzband *Die Zerstörung der deutschen Literatur* von 1956 findet sich der Text *Zerschwatzte Dichtung*, in dem Heideggers Deutung von Hölderlin und Trakl scharf kritisiert wird.[37] Heidegger habe „keinen Respekt vor der künstlerischen Einheit und Einmaligkeit eines Gedichts".[38] Alles werde bei ihm monoton über einen Leisten geschlagen, in seiner „öden Monotonie" der Formulierungen zeige sich eine „Tendenz des gewaltsamen Vereinfachens und Gleichmachens".[39] Kritik dieser Art war in den 1950ern nicht

---

[36] Walter Muschg, Pamphlet und Bekenntnis, Olten 1968, 346. Für Staiger hingegen ist Heideggers Prosa eine der größten Leistungen auf dem Gebiet der philosophischen Prosa (vgl. Staiger, Ein Rückblick, 242). Es ist überhaupt ein Kennzeichen seiner Achtung gegenüber Heidegger, dass er immer wieder dessen Sprache verteidigt und in Schutz nimmt.

[37] Walter Muschg, Zerschwatzte Dichtung, in: Muschg, Die Zerstörung der deutschen Literatur, Bern 1956, 93–109, zu Heidegger vgl. 96–105.

[38] Muschg, Zerschwatzte Dichtung, 98. Alles fließe „zu einer Aussage zusammen", so dass es unvermeidlich sei, „dass das ‚Ungesagte', das er hinter [den Gedichten] findet, das von ihnen Nichtgesagte ist, das Gegenteil dessen", was sie sagen. Heidegger gehe „an der Vielfalt der dichterischen Erscheinungen vorbei" (Muschg, Die Zerstörung der deutschen Literatur, 99 und 96).

[39] Muschg, Zerschwatzte Dichtung, 102. Muschg sieht in der Verfälschung von Gedichten, in Tautologien, im Etymologisieren und im Umdeuten die Mittel dieser Gleichmacherei. Für Muschg verraten sie „eine sprachliche Armut, die nur mit Neid auf die Sprachphantasie großer Dichter blicken kann" (Muschg, Die Zerstörung der deutschen Literatur, 103, vgl. 97, 100 und 101). Muschg hätte auch Heideggers Gebrauch des Wortes „dasselbe" analysieren können. So sagt Heidegger über Hölderlin, wir müssen „dem Wort ‚Reigen' jenen Reichtum lassen, dadurch es *dasselbe* nennen kann wie die Rede vom großen Anfang" (Heidegger, Erläuterungen zu Hölderlins Dichtung, GA 4, 174). Bei Trakl sagen „Fremder", „Fremdling", „Wanderer", „jener", „Ungeborener", „Abgeschiedener", „Toter", „Frühverstorbener" dasselbe, nämlich auch „großer Anfang", und daraufhin bleiben Trakls Dichtungen versammelt (vgl. Heidegger, Unterwegs zur Sprache, GA 12, 52). Und in der

selten zu hören.[40] So versuchte etwa Hannah Arendt in einem Brief vom 15. Juli 1953 Heideggers Trakl-Deutung gegenüber Einwänden des Romanisten Hugo Friedrich in Schutz zu nehmen. (Friedrich hat übrigens in Freiburg ebenfalls Staigers Vortrag gehört und sich dann dessen Deutung des „scheint" angeschlossen.) Was Friedrich als „Gewaltsamkeit"[41] vorkomme, sei eher vergleichbar mit den Verzerrungen in den Gemälden von Cézanne und Picasso. Heidegger, so Arendt, *setze sich selbst in den Mittelpunkt des Werkes und entwickle von hier aus das Werk in einer lebendigen Rede*. Heidegger erblicke so den Raum des Unsagbaren, der in jedem großen Werk ein spezifisch anderer sei, und von dem aus das Werk entstehe und sich organisiere. Was Friedrich wie „Gewaltsamkeit" erscheint, erscheint ihr als Lebendigkeit. Natürlich könne es passieren, dass der Interpretierende mehr Gewicht habe als das Interpretierte, und das sei ihm bei Trakl nunmal unterlaufen. Ich komme später auf Arendts hilf- und aufschlussreiche Wahrnehmung der Dinge zurück.

Es ist aber nicht die sprachliche „Gewaltsamkeit", die Muschg aufstößt. Vor dem Hintergrund von Heideggers Rektoratsrede[42] ist es vielmehr die Gleichmacherei von Dichtern wie Trakl und Hölderlin, die ihn in Rage versetzt: „Ein so reiner Magier wie Trakl kann von vornherein nicht das prophetische Sendungsbewusstsein besitzen, das Hölderlin eine Zeitlang in sich trug."[43] Die Worte „Magier" und „prophetisch" sind mit Bedacht gewählt. Hinter ihnen

---

abendländischen Metaphysik „denken alle großen Denker dasselbe" (Heidegger, Nietzsche I, GA 6.1, 33.
[40] Vgl. Hannah Arendt/Martin Heidegger, Briefe 1925 bis 1975 und andere Zeugnisse, hrsg. von Ursula Ludz, Frankfurt am Main 1998, 316–317. Hugo Friedrich scheint diesen Vergleich jedoch mehr als Bestätigung genommen zu haben. Bei Picasso wolle, so Friedrich, „primär der umwandelnde Stil, nicht die umgewandelte Sache gelesen werden". Und bei Cézanne finde sich ein vorrangiges „Interesse des transformierenden Stils an sich selbst" (Hugo Friedrich, Die Struktur der modernen Lyrik, Hamburg 1956, 83 und 116). Und so lautet auch der Vorwurf an Heidegger: gewaltsames Gleichmachen, das nur sich selbst entdeckt.
[41] Arendt/Heidegger, Briefe 1925 bis 1975, 316.
[42] Sowohl die Erläuterungen zu Hölderlin als auch die Erörterung Trakls endet, wie Muschg hervorhebt, mit einem Verweis auf die abendländische Sprache und das Abend-Land. In einer Fußnote suggeriert Muschg eine direkte Verbindung zu Heideggers Rektoratsrede von 1933 (vgl. Muschg, Die Zerstörung der deutschen Literatur, 98). Ähnliche Verbindungen machten ihm auch Hauptmann, Benn oder Weinheber ungenießbar.
[43] Muschg, Zerschwatzte Dichtung, 99.

steht die Typologie von Muschgs monumentaler *Tragischer Literaturgeschichte*. Diese unterscheidet *Magier*, *Seher* und *Sänger* als drei „Grundformen des Dichterischen".[44] Muschg bezeichnet es als „die verhängnisvollste Fehlerquelle der Literaturwissenschaft, daß sie immerzu Unvergleichbares vergleicht".[45] Unvergleichbar seien Trakl und Hölderlin, weil Trakl dem Typus des Magiers angehöre, Hölderlin aber jenem des Sehers. Das Wesentliche der Typologie Muschgs besteht im Folgenden: Die drei Typen sind ebenso viele Versuche, mit Negativität (Leid, Verzweiflung, Einsamkeit, Armut, Schuld, Verlust, Entsagung) umzugehen. Die *tragische Literaturgeschichte* macht „das Leiden zum Mittelpunkt des Daseins".[46] Es geht um körperliches, aber auch um geistiges Leiden „an den Rätseln des Lebens, das den archaischen Menschen als kosmische Angst beherrscht und noch den Kulturmenschen unbewußt beunruhigt".[47] „Dissonanzen und Disharmonien", „schmerzhafte, oft furchtbare Spannungen und Risse" sind Ursprung der Dichtung. Sie ist deshalb „fast immer, wenn auch oft verhüllt, eine Form des Leidens".[48] Hier stoßen wir nun auf den Kern der Kritik an Heidegger. Er zeigt sich, wenn Muschg sagt, dass Heidegger den Sinn von Trakls Gedichten umstülpe: „Aus Wahnsinn wird Offenbarung, aus Fluch Gnade, aus dem Bösen das Heilige".[49] Heidegger sei „taub für das Leiden, aus dem Trakls Sprache aufsteigt, und blind für das Grauen in ihr, das noch Worte wie ‚Verwesung', ‚Abort', ‚Gestank' ins Dichterische erhebt".[50] Heidegger verdrängt das Wesentliche aus der Dichtung, nämlich ihren Ursprung im Leid, und den Versuch, Leid auf bestimmte Weise zu bewältigen.

Im Zentrum der Literaturgeschichte steht für Muschg „der einzelne Dichter und sein Werk", der „in all seiner unersetzlichen Einzigkeit [dennoch] die Wiederholung eines Urbilds [ist], das sich in ihm verkörpert".[51] Wie Staiger sieht auch Muschg die dichterische Individualität durch Heideggers Zugriff bedroht. Es ist aber

---

44 Walter Muschg, Tragische Literaturgeschichte, zweite Auflage, Bern 1953, 22.
45 Muschg, Tragische Literaturgeschichte, 22.
46 Muschg, Tragische Literaturgeschichte, 19.
47 Muschg, Tragische Literaturgeschichte, 20.
48 Muschg, Tragische Literaturgeschichte, 20.
49 Muschg, Zerschwatzte Dichtung, 111.
50 Muschg, Zerschwatzte Dichtung, 102.
51 Walter Muschg, Dichtertypen, in: Gestalten und Figuren, Bern 1968, 7–27, hier 26.

klar, dass dies aus einem anderen Grund geschieht als bei Staiger. Während Staiger das Stimmige und Harmonische des Stils im Auge hat, achtet Muschg auf den persönlich-überpersönlichen Ausdruck von Dissonanzen und Disharmonien. Während es Staiger um eine im erfühlbaren Stil sich ausdrückende dichterische Einheitsvision geht, betont Muschg, dass es der Dichtung darum gehe, die „Unaussprechlichkeit des Lebens" (nämlich das Leiden) in „unübertrefflicher Weise" darzustellen. Für Muschg sind Heidegger und Staiger Paradebeispiele des „bewundernden Hineinkriechens"[52] *in* und des Redens *über* Meisterwerke der Vergangenheit, was „das Tragische ästhetisch verwässert".[53] Staiger sei immerhin durch „persönliches künstlerisches Empfinden"[54] vor Schlimmerem gefeit. Doch beiden gemeinsam sei die sowohl dichterische als auch historische Ausgrenzung oder Verklärung von Leid. Und beiden gemeinsam sei eine Art Priestertum, das sich „als Mittler zwischen dem Dichter und den gewöhnlichen Sterblichen aufspielt"[55] und Dichtung als Heiliges sakralisiert.[56] Die Priester bestimmen, wessen Statuen im Tempel aufgestellt werden, wer Zutritt zum Tempel hat und was darin gesagt werden darf. Muschg sieht sich nicht als *Priester,* sondern vielmehr als *Anwalt* der Dichtung. Seine Literaturgeschichtsschreibung nimmt die Außenseiter und die Exilliteratur zum Prüfstein der Literatur und der Literaturwissenschaft. Entsprechend stehen bei ihm Kafka, Lasker-Schüler, Jahnn, Döblin oder Barlach im Vordergrund.[57] Das

---

52 Muschg, Zerschwatzte Dichtung, 93.
53 Muschg, Zerschwatzte Dichtung, 99.
54 Muschg, Zerschwatzte Dichtung, 105.
55 Muschg, Zerschwatzte Dichtung, 106.
56 Deshalb leitet Muschg seine Heidegger-Schelte auch mit den Worten ein: „In Zeitläuften der Atomisierung blüht am Rand das sublime Verständnis für Heiles und Reines." (Muschg, Die Zerstörung der deutschen Literatur, 93) Für Muschg sind Priester eine Zerfallsform des Sehers. Sie verwalten und vermitteln als „mächtiger Stand", und wissen, dass „die Mehrzahl der Menschen keine Erkenntnis, sondern feste Gewohnheiten will" (Walter Muschg, Tragische Literaturgeschichte, erste Auflage, Bern 1948, 81).
57 In seiner Zürcher Antrittsvorlesung über Psychoanalyse und Literaturwissenschaft von 1929 erblickt Muschg in Stefan George „das eigentlich extreme Widerspiel" seiner Verteidigung einer psychoanalytisch geschulten Literaturgeschichte. George sei der Priester, „der das Ideal der großen Dichter aus dem öffentlich-nationalen Bildungsbetrieb in eine feierliche Einsamkeit entrückte, um es für größere Zeiten aufzubewahren". Er betreibe einen „Kult des überzeitlich großen Einzelnen, der noch in seiner entlegensten Äußerung als Symbol verherrlicht wird" (Muschg, Pamphlet und Bekenntnis, 121).

Gemeinsame, innerhalb dessen Staiger und Heidegger aneinander vorbei reden, ist also Muschg zufolge eine sakrale Auffassung der Dichtung und die Verdrängung des Tragischen.[58]

Mit Muschgs Hilfe können wir nun gleichsam von Außen auf das Gemeinsame von Heideggers und Staigers Literaturauffassung blicken. Erstens ist Dichtung für beide etwas, das eine Rolle übernimmt, die vordem die Religion übernommen haben soll. Zweitens teilen sie eine antimodernistische Stoßrichtung, der zufolge wir in einer Zeit der Entweihung, Vermassung und Technisierung leben. Wahre Dichtung müsse davor bewahrt werden.[59] Drittens sehen beide sich als solidarische Mitglieder einer imaginären Gemeinschaft, die aus einer Handvoll fiktiven, historischen oder zukünftigen Helden besteht.[60] Viertens schließlich stehen sie ein für eine ungewöhnliche Perspektivenumkehrung, die nicht nach der Aktualität eines Dichters für unsere Zeit fragt, sondern danach, ob es Zeit für den Dichter ist. Staiger misst seine Zeit an seinem Goethebild und Heidegger an Hölderlins Gedicht.[61]

---

[58] Es dürfte deutlich werden, dass Muschgs Kritik in vielen Punkten die Kritik an Heideggers Umgang mit den Dichtern vorwegnimmt, die man in den 1990er Jahren finden kann. Vgl. Philippe Lacoue-Labarthe, La fiction du politique. Heidegger, l'art et la politique, Paris 1987; Véronique Fóti, Heidegger and the poets. Poiēsis, Sophia, Technē, Atlanta 1992; John Caputo, Demythologizing Heidegger, Bloomington, IN 1993. In Heideggers Deutungen würden die schmerzhaften und verzweifelten Elemente übersehen, Verlust und Untergang würden allein im Lichte eines neuen Aufgangs gesehen. So bemerkt Caputo: „While poetry has always been regarded as an important and indispensable idiom for suffering, Heidegger's poet cannot, in principle, respond to the call of suffering" (Caputo, Demythologizing Heidegger, 149).
[59] Staiger hat diese Stoßrichtung deutlich perspektiviert. Was in unseren Augen untergeht, ist der Geist der Goethezeit. Seine Auswahl kanonischer Dichter von Schiller bis Benn sei diesem Geist verpflichtet. Natürlich könne man auch eine andere Auswahl treffen, das sei aber Geschmackssache. Seine Dichter „blicken aus Überzeugung zurück und bleiben den alten Göttern treu, vielleicht, um ihrer Wiederkehr in fernen Tagen den Weg zu bereiten, vielleicht auch nur, weil sie dazu bestimmt sind und nicht anders können" (Emil Staiger, Spätzeit, Zürich 1973, 12).
[60] Vgl. Richard Rorty, Solidarity or Objectivity, in: Rorty, Objectivity, Relativism, and Truth, Cambridge, MA 1991, 21.
[61] So sagt Staiger über Goethe: „Gerade dann aber, ja nur dann, wenn uns die Frage: Was hat uns Goethe heute zu sagen? angesichts seiner Wirklichkeit auf den Lippen erstirbt oder sich in die angemessenere verwandelt: Wie bestehen wir heute vor ihm? – dann ist es geglückt, ihn neu zu gewinnen und

Ich muss gestehen, dass ich die Kritik von Muschg an Heidegger und Staiger für berechtigt halte, die Sakralisierung und die antimodernistische Stoßrichtung der Auffassung darüber, was große Dichtung sein soll, nicht teilen kann.[62] Trotzdem ergibt sich meines Erachtens aus den genannten vier Punkten eine Antwort auf die Frage, warum wir große Dichter und Dichterinnen lesen sollten. Wir sollen große Dichter tatsächlich lesen, um zu sehen, ob und wie wir vor ihnen bestehen können, wenn sie in uns etwas ansprechen, wenn sie von uns Solidarität fordern und wenn sie sich der Zeit widersetzen. Ich möchte im letzten Teil erklären, was damit gemeint ist.

3. Das Ungesprochene im Gesprochenen: Heidegger und das emphatische Lesen

Im öffentlichen Briefwechsel mit Staiger schreibt Heidegger, dass es auch darum gehe, „überhaupt noch einmal lesen zu lernen".[63] Offenbar ist hier ein emphatischer Begriff von Lesen gemeint. Für Heidegger ist Lesen das „sich versammeln in der Sammlung auf das Ungesprochene im Gesprochenen".[64] An anderer Stelle heißt es: „Das

---

so der Zeit den Dienst zu leisten, den niemand leistet, der sich von ihr die Gesetze des Denkens vorschreiben läßt." (Emil Staiger, Goethe. 1749–1786, Zürich 1952, 11)
[62] Ganz zu schweigen von der völkischen Solidarität, die sich bei Staiger und Heidegger in den 30er Jahren findet und gegen die sich Muschg in seiner Basler Antrittsvorlesung von 1937 scharf ausspricht.
[63] Heidegger, Aus der Erfahrung des Denkens, GA 13, 107.
[64] Heidegger, Aus der Erfahrung des Denkens, GA 13, 108. In GA 13, 109 folgt auf den Briefwechsel mit Staiger der Text *Was heißt lesen?*. Auch dort ist Lesen Sammlung, diesmal aber auf „das Geschriebene, auf das in der Schrift Gesagte". Für Staiger ist Lesen eine schwierige Sache, schwierig nicht nur für den Kopf, sondern ebenso für das Herz. Es dürfe dabei nicht verstockt, eitel und in der eigenen Enge befangen sein: „Die Organe der Erkenntnis, ohne die kein rechtes Lesen möglich ist, heißen Ehrfurcht und Liebe" (Emil Staiger, Meisterwerke deutscher Sprache, Zürich 1948, 8). Staiger spricht also davon, welche Tugenden ein Leser mitbringen muss, um sich mit Meisterwerken treffen zu dürfen. Natürlich zitiert er vor diesen Bemerkungen ausführlich aus einem Brief von Goethe. Muschg hingegen zitiert Kafka, um seiner Auffassung des Lesens Ausdruck zu verleihen: „Wenn das Buch, das wir lesen, uns nicht mit einem Faustschlag auf den Schädel weckt, wozu lesen wir dann das Buch? […] Wir brauchen aber die Bücher, die auf uns wirken wie ein Unglück, das uns sehr schmerzt, ein Buch muß eine Axt sein für das

eigentliche Lesen ist die Sammlung auf das, was ohne unser Wissen einst schon unser Wesen in den Anspruch genommen hat, mögen wir dabei ihm entsprechen oder versagen. Ohne das eigentliche Lesen vermögen wir auch nicht das uns Anblickende zu sehen und das Erscheinende und Scheinende zu schauen."[65] Natürlich meint Heidegger hier, lesen hieße, auf den λόγος hören. Ich meine, dass man Heideggers Auskünften einen anderen Sinn abgewinnen kann, nicht unbedingt den von Heidegger intendierten, deshalb habe ich eingangs betont, dass ich zeigen will, worum es in Heideggers Deutung von Literatur *für uns* gehen könnte. Was Muschg despektierlich ein „Hineinkriechen" nennt, scheint mir genau das Richtige zu sein. Heidegger setzt sich selbst, wie Hannah Arendt sagt, in den Mittelpunkt eines Werkes und entwickelt von dort aus das Werk in einer lebendigen Rede. Was soll das heißen? Ich beginne meine Erklärung mit einer kleinen Typologie des Lesers.

Wir lesen, um in einer anderen sprachlichen Welt, einer Gegenwelt zu wohnen.[66] So schreibt Peter Bichsel: „Lesen ist für mich sozusagen immer und unabhängig vom Inhalt der Eintritt in eine Gegenwelt."[67] Wer zeitweilig (etwa im Urlaub oder morgens im Zug) in eine solche Welt eintritt, ist ein *sporadischer* Leser. Davon kann man den *exzessiven* Leser unterscheiden. Ein solcher Leser ist für Bichsel ein „Allesleser", ein „Süchtiger".[68] Lesen erscheint als

---

gefrorene Meer in uns." Das Zitat stammt aus einer Rede Muschgs auf dem Ersten Internationalen Kulturkritikerkongress 1958 in München (Muschg, Pamphlet und Bekenntnis, 319). Die Passage stammt aus einem Brief von Kafka an Oskar Pollack vom 27.01.1904. Sie ist seither immer wieder zitiert und fast etwas unerträglich geworden, sie klingt aber in dieser Zeit und aus Muschgs Mund in einem anderen Ton.
[65] Heidegger, Aus der Erfahrung des Denkens, GA 13, 111.
[66] Hier kann es nicht darum gehen, den nicht pluralisierbaren Sinn des heideggerschen Ausdrucks *Welt* unbotmäßig zu vervielfältigen. Gegenwelten sind natürlich Entwürfe innerhalb des In-der-Welt-seins. Die Idee des emphatischen Lesens als „life's second chance", die ich im Folgenden entwickle, entspricht vielmehr einer intersubjektiv gewendeten Auffassung des heideggerschen Gewissens, demzufolge im emphatischen Lesen jemandes Stimme, die Stimme des Dichters oder der Dichterin, Dich nicht nur anspricht, sondern gleichsam ausspricht.
[67] Peter Bichsel, Der Leser. Das Erzählen, Frankfurt am Main 1982, 33, vgl. auch 43: „Ich war jetzt ein Leser, und ich war in einer anderen Welt mit anderen Qualitäten. [...] Nur wer Lesen als eine Gegenwelt erfährt wird zum Leser."
[68] Bichsel, Der Leser, 32.

etwas Körperliches: Leser können ohne Lesestoff nicht verdauen, nicht einschlafen, nicht aus dem Haus gehen, sie kommen an keiner Buchhandlung vorbei.[69] Weiter verweist Bichsel darauf, dass Lesen „Lange-Weile" oder „Muße" brauche.[70] Wer liest, hat Zeit, nimmt sich Zeit, wiederholt, liest abermals. Er achtet nicht nur auf die gesagten Dinge, sondern auch darauf, *wie* sie gesagt sind. Das ist der *reflektierende* Leser.[71] Bichsel verweist darauf, dass im Schweizerdeutschen „nicht nur die Lange Weile ihre Doppelbedeutung [habe], sondern auch die Lange Zeit".[72] „Längizyt" bedeutet auch „Sehnsucht" oder „Heimweh". Man kann „Längizyt" nach *jemandem* oder nach *etwas* haben. Worauf es nun ankommt, ist ein vierter Typ, nämlich der *emphatische* Leser, die *emphatische* Leserin.[73] Etwas verrätselt könnte man sagen, der emphatische Leser habe *lange Zeit nach sich selbst*. Was heißt das?

Wir können uns das Lesen als „life's second chance" denken.[74] Wir wachsen auf, werden sozialisiert und mit Gewohnheiten des Sehens, Sprechens und Beurteilens ausgerüstet. Wir erwerben, mit anderen Worten, eine zweite Natur. Der Erwerb einer zweiten Natur erfolgt durch Gewöhnung, Erziehung und Lernen. Es gehört zu unserer Natur, dass wir eine zweite Natur ausbilden.[75] Doch nicht

---

[69] Sie verspüren „ein leichtes Abheben vom Boden, das sich steigern kann bis zum Gefühl der Schwerelosigkeit" (Bichsel, Der Leser, 33).
[70] Bichsel, Der Leser, 43.
[71] Die Literatur gibt Bichsel zufolge nicht das Originalerlebnis, „sondern die Reflexion"; sie beschreibt nicht die Dinge, „sondern beschreibt, was es von den Dingen zu sagen gibt". Lesen ist dann „ein Entscheid für das sekundäre Leben: leben, um das Leben anschauen zu können" (Bichsel, Der Leser, 44). Auch das macht den reflektierenden Leser aus. Leider endet Bichsels Vorlesung über *Das Lesen* an dieser Stelle.
[72] Bichsel, Der Leser, 44.
[73] Ich spreche von jetzt an vom Leser. Da es wichtig ist, dass emphatisch Lesende ihrer ersten Sozialisation entrinnen wollen und als Einzelne einer sprachlichen Welt begegnen, können auch Geschlechterunterschiede eine Rolle für das Bewohnen der sprachlichen Gegenwelt spielen. Dieser Aspekt wird auf instruktive Weise von Ruth Klüger betont: Ruth Klüger, Frauen lesen anders, München 1996.
[74] Vgl. Mark Edmundson, Why Read?, New York, NY 2004; Edmundson, Literature Against Philosophy, Plato to Derrida. A Defence of Poetry, Cambridge, MA 1995.
[75] So sagt Aristoteles über Charakterzüge, dass sie „in uns weder von Natur aus noch gegen die Natur [entstehen]. Vielmehr sind wir von Natur aus fähig, sie aufzunehmen, und durch Gewöhnung werden sie vollständig ausgebildet" (Aristoteles, Ethica Nicomachea 1103a; die *Nikomachische Ethik*

alle Personen sind mit der *spezifischen* Ausbildung ihrer zweiten
Natur glücklich. Sie beginnen beispielsweise exzessiv zu lesen und
werden zu emphatischen Lesern, die lesen, um ein zweites Mal sozialisiert zu werden, und zwar mithilfe der sprachlichen Gegenwelt
eines Dichters. Genauer: durch die Solidarität und Gemeinschaft mit
den sprachlichen und literarischen Figuren, dem Schöpfer und den
Kennern dieser sprachlichen Welt. Diese kann man als *Bewohner*
einer sprachlichen Gegenwelt bezeichnen. Der emphatische Leser
wird zu einem Bewohner dieser Gegenwelt. Er will dadurch den
Einfluss der Eltern und Lehrer, der Ausbildung und Umgebung, der
Sprache und der Zeit revidieren und sich verwandeln.

Man liest in einem emphatischen Sinn, um der zweiten Natur eine
zweite Chance zu geben. Wie geht das vor sich? Wenn wir von einer
sprachlichen Gegenwelt angesprochen werden, wollen wir wissen,
warum und weshalb. Wir lesen mehr und erfahren mehr über die
Bewohner. Wir beginnen, die Dinge durch diese sprachliche Welt,
mit den Augen ihrer Bewohner zu sehen. Die sprachliche Gegenwelt können wir mit uns tragen, indem wir sie uns aneignen, uns zu
eigen machen. Wenn wir dabei sorgfältig sind, erfassen wir damit
auch den Ort, vom dem aus der Dichter und das Werk entstanden
sind und sich organisieren. Wir setzen uns in den Mittelpunkt eines
Werkes und entwickeln von dort aus das Werk in einer lebendigen
Rede, indem wir uns und andere, Ereignisse und Erscheinungen der
Zeit mit der Hilfe der Bewohner der sprachlichen Gegenwelt beschreiben. Einige dieser Beschreibungen helfen uns weiter, andere
stoßen uns ab oder verletzen uns, einige treffen etwas, andere verfehlen das Ziel. Wir beginnen die Umgebung und uns selbst unter
diesen Beschreibungen zu sehen. Möglicherweise sehen wir darunter
andere Dinge oder gewohnte Dinge in neuer Beleuchtung. Möglicherweise gefällt uns nicht, was wir unter diesen Beschreibungen sehen, sodass sie uns im besten Fall verwandeln. Wenn wir uns durch
eine sprachliche Gegenwelt sehen, uns mit ihrer Hilfe beschreiben,
dann geht es darum, ob wir vor dieser Welt und ihren Bewohnern
bestehen können.

Gegenwelt? Klingt dies nicht nach Eskapismus? Dass dieser Ton
nicht anzuklingen braucht, lässt sich sogar an der scheinbar hermetischen oder monologischen Lyrik der Moderne zeigen. Auch ihr

---

wird zitiert nach: Nikomachische Ethik, hrsg. und übersetzt von Ursula
Wolf, Hamburg 2006).

kommt eine spezifisch kommunikative Funktion zu, wenn man einem ihrer Exponenten Glauben schenken will. Worin besteht diese Funktion? 1941 versucht Wallace Stevens in einem Vortrag eine Antwort auf die Frage nach der Rolle des Dichters zu geben: „What is his function? Certainly it is not to lead people out of the confusion in which they find themselves. Nor is it, I think, to comfort them while they follow their leaders to and fro. I think that his function is to make his imagination theirs and that he fulfills himself only as he sees his imagination become the light in the minds of others. His role, in short, is to help people to live their lives."[76] Der Dichter verhilft den Menschen dadurch ihr Leben zu führen, dass er ihre Vorstellungskraft mit Bildern und Bezügen belebt. Das Gedicht löst so die Vorstellungskraft von dem, was Stevens „Realitätsdruck" (*pressure of reality*) nennt: „By the pressure of reality, I mean the pressure of an external event or events on the consciousness to the exclusion of any power of contemplation. […] We are confronting, therefore, a set of events, not only beyond our power to tranquilize them in the mind, beyond our power to reduce them and metamorphose them, but events that stir the emotions to violence, that engage us in what is direct and immediate and real".[77] Das Gedicht als Reaktion auf den aktuellen Realitätsdruck führt nicht zum Eskapismus. Im Gegenteil: Es führt zum Gegendruck, zum Widerstand gegen den Druck – „Resistance is the opposite of escape."[78] Im Idealfall erreicht der Dichter beim Leser eine der seinen verwandte Verwandlung: „Suppose the poet discovered and had the power thereafter at will and by intelligence to reconstruct us by his transformations."[79] Mit diesen Worten bringt Stevens aus dem Blickwinkel des Dichters jene Idee zum Ausdruck, die ich aus der Perspektive des emphatischen Lesers entwickeln möchte.

Gute Beispiele für emphatische Leser sind Julien Sorel und Arnold Stadler. Julien Sorels erster Auftritt in Stendhals Roman *Le Rouge et le Noir* ist ein Auftritt als Leser. Vater Sorel sucht und ruft im Sägewerk eines französischen Kaffs nach seinem wenig geliebten jüngsten Sohn Julien. Dieser vernachlässigt seine Arbeit und hört die Rufe des Vaters nicht, weil er liest. Der Vater hasst die „ver-

---

[76] Wallace Stevens, Collected Poetry and Prose, New York 1997, 660–661.
[77] Stevens, Collected Poetry and Prose, 654–656.
[78] Stevens, Collected Poetry and Prose, 788.
[79] Stevens, Collected Poetry and Prose, 670.

dammten Bücher".[80] Er schlägt Julien das Buch aus der Hand und ihm ins Gesicht. Juliens Lieblingsbuch landet im Wassergraben. Er beweint diesen Verlust, nicht die Grobheit des Vaters. Das Buch ist Napoleons *Mémorial de Sainte-Hélène*. Das zweite Beispiel ist Arnold Stadlers Lektüre von Adalbert Stifter. Nicht nur endet der Roman, in dem Stadler 1994 seinen Ton findet, nämlich *Mein Hund, meine Sau, mein Leben,* in einem „Nachspiel"[81] über Stifter und mit einem Satz von Stifter, sondern Stadler nutzt insbesondere Stifters Namen, um das zum Ausdruck zu bringen, was ich hier als Erfolg des emphatischen Lesens betrachte, nämlich eine zweite Sozialisation durch das Bewohnen einer sprachlichen Gegenwelt. Das Stifter-Buch von Stadler aus dem Jahr 2005 heißt denn auch doppelsinnig – und nicht ohne Anspielung auf Stadlers Mitmesskirchner Heidegger – *Mein Stifter*. Es ist genau diese Mischung aus Subjektivität (*Mein* Stifter) und Emphase (Mein *Stifter*), die den emphatischen Leser kennzeichnet, der das „allersubjektivste Gefühl" als Basis nimmt und sich in einer sprachlichen Gegenwelt neu findet.[82]

Wir können nun Heidegger als einen *exemplarischen* emphatischen Leser verstehen. Das „eigentliche Lesen", von dem Heidegger spricht, ist ein aneignendes Lesen. Das „Ungesprochene im Gesprochenen", das Gedicht des Dichters, finden wir, wenn wir in das Werk „hineinkriechen", uns an seinen „heimlichen Ort"[83] begeben. Das Ungesprochene im Gesprochenen besteht ganz einfach darin, dass irgendein emphatischer Leser die sprachliche Welt eines Dichters sich noch nicht zu eigen gemacht hat. Er hat das vom Dichter

---

[80] Stendhal, Rot und Schwarz. Chronik aus dem 19. Jahrhundert, hrsg. und übersetzt von Elisabeth Edl, München/Wien 2004, 28.
[81] Arnold Stadler, Mein Hund, meine Sau, mein Leben, Salzburg/Wien 1994, 147.
[82] Vermutlich hat Sigmund Freud im 20. Jahrhundert die meisten emphatischen Leserinnen und Leser in diesem Sinne gefunden. Wir benutzen seine sprachliche Welt auch dann zu einer Form der Selbst- und Fremdbeschreibung, wenn wir seine Texte gar nicht kennen. Natürlich ist Freud kein Dichter im landläufigen Sinne, unter ein weites Dichterverständnis fällt er dennoch, denn er hat die Art und Weise, wie wir von uns selbst denken und uns selbst beschreiben, grundlegend verändert. Diese Wirkung hängt auch mit Freuds Qualität als Schriftsteller zusammen, die Muschg in seinem Essay über *Freud als Schriftsteller* von 1930 eindrücklich herausgearbeitet hat (Walter Muschg, Freud als Schriftsteller, in: Muschg, Zerstörung der deutschen Literatur, Bern 1956, 153–197).
[83] Vgl. Heidegger, Hölderlins Erde und Himmel, GA 4, 179.

Gesprochene noch nie zu sich und zu anderen gesprochen. In *diesem* Sinne ist es ungesprochen. Das eigentliche Lesen sei Sammlung auf das, was „einst schon unser Wesen in den Anspruch genommen hat, mögen wir dabei ihm entsprechen oder versagen".[84] Staiger sagt beispielsweise über Mörikes Verse: „Sie sprechen mich an."[85] Sie können uns nur ansprechen, wenn sie uns durch etwas, das wir noch nicht kennen, aber schon bevor wir sie kennen, in Anspruch genommen haben. Man sagt auch: Sie sprechen etwas in uns an. Sie sprechen in uns etwas an, dessen Stimme wir noch nicht oder nicht mehr gefunden haben. Den Sprachgebrauch etwas dehnend, könnte man auch sagen: Sie sprechen uns aus.[86] Möglicherweise gefällt uns nicht ausgesprochen, was in uns angesprochen wird, was wir unter den Beschreibungen sehen, die uns der Dichter an die Hand gibt und in den Mund legt. Wir haben nun zwei Möglichkeiten: Wir verlassen die sprachliche Welt und *versagen* uns ihr oder wir *entsprechen* dem, was uns anspricht und geben der zweiten Natur eine zweite Chance. Wenn wir uns so ansprechen lassen, versammeln wir uns – in heideggerschen Worten – auf das Ungesprochene eines Gesprochenen, und können uns dem versagen oder ihm entsprechen. Wir lesen emphatisch, um zu sehen, ob wir vor den Bewohnern einer Gegenwelt bestehen, wenn sie von uns Solidarität mit ihnen und mit unseren offenen Möglichkeiten fordern.[87]

---

[84] Heidegger, Was heißt Lesen?, GA 13, 111.
[85] Staiger, Die Kunst der Interpretation, 10.
[86] Wie Stanley Cavell bisweilen sagt: „someone speaks your mind" (Stanley Cavell, The Claim of Reason, Oxford 1979, 27).
[87] Oben habe ich gesagt, dass sie in uns etwas ansprechen, dessen Stimme wir nicht oder nicht mehr gefunden haben. In seiner Trakl-Deutung verweist Heidegger an einer Stelle auf die Kindheit (vgl. Heidegger, Unterwegs zur Sprache, GA 12, 66). Diese Stelle, so mein Vorschlag, sollte man von ihren abendländischen Übertönen befreien und als Anweisung für einen emphatischen Leser verstehen. Die Abgeschiedenheit ist Heidegger zufolge der Name für den Ort von Trakls Gedicht (vgl. Heidegger, Unterwegs zur Sprache, GA 12, 52). Der Leser scheidet (nimmt Abschied), indem er im Gedicht Trakls zu wohnen versucht, und wird so ein Fremder. Deshalb ist „die Seele ein Fremdes auf Erden" (Heidegger, Unterwegs zur Sprache, GA 12, 35). Nun sagt Heidegger über das Versammelnde dieses Orts des Gedichts von Trakl – wobei man bedenken muss, dass Lesen versammeln und sammeln ist – Folgendes: Das Versammelnde „holt das Wesen der Sterblichen in seine stillere Kindheit zurück, birgt sie als den noch nicht ausgetragenen Schlag, der das künftige Geschlecht prägt. Das Versammelnde der Abgeschiedenheit spart das Ungeborene über das Abgelebte hinweg in ein kommendes Auferstehen des Men-

Heideggers Hölderlin lässt sich als Anleitung zu einem solch emphatischen Lesen verstehen. Man beachte die folgenden Verse aus der Elegie *Brod und Wein*, die Heidegger mit dem Hinweis einleitet, dass Hölderlin sie „seinem Dichterfreund Heinze"[88] zurufe. Die Verse lauten:

Aufzubrechen. So komm! daß wir das Offene schauen,
Daß ein Eigenes wir suchen, so weit es auch ist.
Fest bleibt Eins; es sei um Mittag oder es gehe
Bis in die Mitternacht, immer bestehet ein Maas,
Allen gemein, doch jeglichem auch ist eignes beschieden,
Dahin gehet und kommt jeder, wohin er es kann.
Daß ein Eigenes wir suchen, so weit es auch ist.

Heidegger glaubt, dass Hölderlin hier „das Eigene seines Gedichtes" ausspreche. Dieses Gedicht sei „gekennzeichnet dadurch, dass es allein schicksalhaft uns angeht, weil es uns selbst, das Geschick dichtet, in dem wir stehen".[89] Wenn wir Heidegger an dieser Stelle als jemanden verstehen, der Auskunft über den emphatischen Leser gibt, dann besagt der Hinweis, dass Hölderlin hier das Eigene seines Gedichts ausspricht, dass er dem emphatischen Leser rät, wie er mit einer sprachlichen Welt umzugehen habe. Dem Leser wird, wie Heinze, zugerufen, dass er kommen solle, um eine offene Möglichkeit zu schauen und das Eigene zu suchen, das ihm beschieden ist. Wenn wir tatsächlich zu Bewohnern der sprachlichen Welt ei-

---

schenschlages aus der Frühe. Das Versammelnde stillt als der Geist des Sanften zugleich den Geist des Bösen." (Heidegger, Unterwegs zur Sprache, GA 12, 63) Was Heidegger hier beschreibt ist meines Erachtens der Prozess eines emphatischen Lesens, indem sich der Leser ein zweites Mal sozialisiert. Der Leser wird nochmals Kind, indem er eine nicht erworbene Möglichkeit des Sehens, Sprechens und Beurteilens erwirbt. Diese zweite Chance für die zweite Natur wird hier als „Ungeborenes", „als nicht ausgetragener Schlag [vor den Kopf]" und als „kommende Auferstehung" angesprochen, das Werk der ersten Sozialisation als „Abgelebtes" und als „Böses". Das Verschüttete ist hier nicht nur die Kindheit im Sinne der Psychoanalyse, sondern die im Erwerb einer zweiten Natur nicht wahrgenommenen Möglichkeiten. Das schließt eine der Psychoanalyse analoge Rückwendung nicht aus. Es kann sich dabei auch um ganz andere Prozesse der Erforschung der eigenen Lebensgeschichte handeln, wie wir sie etwa bei Jean Paul (in seiner *Selberlebensbeschreibung*), bei Stifter (in seinem Erinnerungsfragment) oder bei Proust finden.
[88] Heidegger, Erläuterungen zu Hölderlins Dichtung, GA 4, 183.
[89] Heidegger, Erläuterungen zu Hölderlins Dichtung, GA 4, 182–183.

nes Gedichtes werden und dies uns oder Aspekte von uns in neuem Lichte zeigt oder gar verwandelt, dann ist auch klar, warum „es allein schicksalhaft uns angeht" und „uns selbst, das Geschick dichtet, in dem wir stehen". Die Dichtung kommt erst in ihr Eigenes, wenn sie irgendeinen einzelnen Leser gewinnt, der in ihr mit ihren Bewohnern zu wohnen beginnt und sich ihre sprachliche Welt aneignet. Das, und nur das, kann das Ungesprochene eines Gedichts sein: Dass es jemanden als emphatischen Leser anspricht und er zu einem Bewohner seiner sprachlichen Welt wird.[90]

Nimmt man Staigers affektive Methodologie ernst und will man Muschgs Vorbehalte gegen Heideggers Deutungen nicht in den Wind schlagen, dann kann man von Heidegger als einem *exemplarischen emphatischen Leser* von Literatur lernen.[91] Meine Deutung mag sicher zu subjektivistisch erscheinen. Ich beuge Heideggers Rede vom *Geschick,* von der *Ankunft,* von der *Erwartung* usw. auf den einzelnen emphatischen Leser und auf die Gemeinschaft der emphatischen Leser eines Dichters zurück. Doch in seinen ersten Vorlesungen über Hölderlin äußerst sich Heidegger wie folgt über die Dichtung: „Dichtung ist die Erweckung und der Zusammenriß des eigensten Wesens des Einzelnen, wodurch er in den Grund seines Daseins zurückreicht. Kommt jeder Einzelne von dorther, dann ist die wahrhafte Sammlung der Einzelnen in eine ursprüngliche Gemeinschaft schon im voraus geschehen."[92] Liest man Heidegger hier etwas gegen den Strich – und das sollte man an dieser Stelle gewiss –, so ist diese Gemeinschaft jene eines emphatischen Lesers mit Bewohnern einer sprachlichen Gegenwelt.

---

[90] Im Kunstwerk, so Heidegger, wird eine Welt erschlossen. Es artikuliert zugleich die Bedingungen der Welterschließung. Ein großes Kunstwerk transformiert die Weisen der Welterschließung. Es tut dies, wenn es eine Dichtung ist, über den emphatischen Leser. Wie sonst?

[91] „Der schwerste Schritt jeder Auslegung" ist laut Heidegger „mit ihren Erläuterungen vor dem reinen Dastehen des Gedichts zu verschwinden" (Heidegger, Erläuterungen zu Hölderlins Dichtung, GA 4, 8). Ob das Gedicht nun rein dastehen soll oder nicht, der springende Punkt liegt wohl darin, dass es professionellen Interpreten wie Heidegger, Muschg oder Staiger vermutlich aus strukturellen Gründen nicht gelingen kann, auf diese Weise zu verschwinden. Wenn wir Heidegger nicht als professionellen Deuter, sondern als einen exemplarischen emphatischen Leser verstehen, dann wird auch verständlich, wie er das Schwierigste tun kann, was Erläuterungen von Gedichten in seinen Augen tun sollen: verschwinden.

[92] Heidegger, Hölderlins Hymnen „Germanien" und „Der Rhein", GA 39, 8.

Ulrich von Bülow

Raum Zeit Sprache
Peter Handke liest Martin Heidegger

1. Philosophie und Literatur

Kein Philosoph hat so viele Spuren in der deutschsprachigen Literatur des 20. Jahrhunderts hinterlassen wie Martin Heidegger. Der Umstand, dass elementare Kenntnisse über Werk und Biographie bei nahezu jedem Leser vorausgesetzt werden können, provozierte vor allem satirische Referenzen, die auf ihre Weise die Bedeutung des Philosophen für das kulturelle Gedächtnis spiegeln. Zur prominenten Bezugsfigur wird er – um nur die bekanntesten Beispiele zu nennen – in Romanen von Günter Grass (*Hundejahre*, 1963), Thomas Bernhard (*Alte Meister*, 1985) oder Arnold Stadler (*Mein Hund, meine Sau, mein Leben*, 1996); Elfriede Jelinek lässt ihn auf der Bühne auftreten (*Totenauberg*, 1991), Lyrikern genügen kalauernde Anspielungen – etwa wenn Peter Rühmkorf Haarausfall als „Lichtung des Seins" bezeichnet[1] oder Robert Gernhardt einen Gedichtband *Reim und Zeit* (1990) nennt. Wesentlich ernsthafter setzen sich Schriftsteller wie Jean Améry, Paul Celan, Ingeborg Bachmann, Martin Walser, Botho Strauß oder Hartmut Lange mit Heideggers Werken auseinander.

In die Reihe dieser Autoren gehört zweifellos Peter Handke.[2] Glaubt man einigen seiner Interpreten, leitete er seine Poetik sogar

---

1 Peter Rühmkorf, Als Fragment, in: Rühmkorf, Kunststücke, Reinbek 1962, 49.
2 Vgl. zum Verhältnis Handke – Heidegger: Peter Laemmle, Gelassenheit zu den Dingen. Peter Handke auf den Spuren Martin Heideggers, in: Merkur 35 (1981), 426–428; Alfred Kolleritsch, Die Welt, die sich öffnet, in: Gerhard Melzer/Jale Tükel (Hrsg.), Peter Handke. Die Arbeit am Glück, Königstein 1985, 111–125; Rolf-Günter Renner, Peter Handke, Tübingen 1985,

unmittelbar aus der Philosophie Martin Heideggers ab. Als Belege werden nicht nur Lektürehinweise in seinen veröffentlichten Journalen angeführt, sondern auch Entsprechungen in seinen Erzählwerken. Bedenklich stimmt allerdings, dass andere Interpreten andere Abhängigkeiten belegen – etwa von Nietzsche[3] oder Rilke.[4] Und die Zweifel nehmen zu, wenn man Handkes größtenteils unveröffentlichte Notizbücher liest, die sich seit kurzem im Deutschen Literaturarchiv Marbach befinden. Sie zeigen, dass Handke Heidegger vergleichsweise spät, eher sporadisch und weniger intensiv gelesen hat als andere Philosophen. Parallelitäten, die nicht zu bestreiten sind, lassen sich daher kaum als ‚Einfluss' erklären. Ich würde vielmehr so formulieren: Peter Handke entwickelte unabhängig von Heidegger eine eigene reflektierte poetische Schreibpraxis, für die er dann in wesentlichen Punkten eine theoretische Bestätigung bei Heidegger fand. Im Folgenden werde ich zunächst Handkes Poetik der Beschreibung und Heideggers Philosophie des Dings skizzieren, bevor

---

128–137 und 161–172; Martin Todtenhaupt, Unterwegs in der Sprache mit Heidegger und Handke, in: Österreich. Beiträge über Sprache und Literatur (1992), 119–132; Irene Kann, Schuld und Zeit. Literarische Handlung in theologischer Sicht. Thomas Mann – Robert Musil – Peter Handke, Bonn 1992; Klaus Bonn, Die Idee der Wiederholung in Peter Handkes Schriften, Würzburg 1994, 13–16; Hyun-Jin Kim, Wiederfindung der Sprache. Das neue Verhältnis des Sprach-Ichs zur Welt bei Peter Handke seit dem Werk *Der Chinese des Schmerzes*, Freiburg im Breisgau 2001/2002; Mireille Tabah, Ethik und Ästhetik in Peter Handkes Existenzentwurf im Lichte von Heideggers Existentialontologie, in: Cornelia Blasberg / Franz-Josef Deiters (Hrsg.), Denken, Schreiben (in) der Krise – Existentialismus und Literatur, St. Ingbert 2004, 483–503; Regine Romatka-Hort, Gehen. Schauen. Schreiben. Eine phänomenologische Theorie zur Auffassung von Wirklichkeit und Authentizität als Deutung von Peter Handkes *Mein Jahr in der Niemandsbucht*, München 2004; Alexander Huber, Versuch einer Ankunft. Peter Handkes Ästhetik der Differenz, Würzburg 2005; Volker Schmidt, Die Entwicklung der Sprachkritik im Werk von Peter Handke und Elfriede Jelinek, Heidelberg 2008.
[3] Vgl. Michael Vollmer, Das gerechte Spiel. Sprache und Individualität bei Friedrich Nietzsche und Peter Handke, Würzburg 1995.
[4] Vgl. Dieter Saalmann, Subjektivität und gesellschaftliches Engagement. Rainer Maria Rilkes *Die Aufzeichnungen des Malte Laurids Brigge* und Peter Handkes *Die Stunde der wahren Empfindung*, in: DVJS 57 (1983), 499–519; Christine Marschall, Zum Problem der Wirklichkeit im Werk Peter Handkes. Untersuchungen mit Blick auf Rainer Maria Rilke, Bern / Stuttgart / Wien 1995; Martina Kurz, Bild-Verdichtungen. Cézannes Realisation als poetisches Prinzip bei Rilke und Handke, Göttingen 2003.

Raum Zeit Sprache 133

ich näher auf Handkes Heidegger-Lektüren und -Kommentare eingehe. Dabei konzentriere ich mich auf eindeutige Belege und verzichte darauf, den Gebrauch von Worten wie „Angst", „Stimmung", „Sorge" oder „In-der-Welt-Sein" („Auf-der-Welt-Sein", „Im-Wort-Sein") zu interpretieren, der terminologisch unspezifisch und meist fern von Heideggers Begriffsverständnis bleibt.

2. Handkes Beschreibungsproblem

Für den Autor Peter Handke ist es bezeichnend, dass er nicht durch ein Werk, sondern durch eine poetologische Polemik bekannt wurde. 1966 warf der 24-Jährige auf einer Tagung der Gruppe 47 in Princeton den versammelten Schriftstellern Konventionalität, Banalität und „Beschreibungsimpotenz" vor. In einem Essay für die Zeitschrift *konkret* stellt er kurz darauf richtig, seine Kritik habe sich keineswegs gegen die literarische Beschreibung gerichtet. Im Gegenteil: Er halte die Beschreibung für das bevorzugte Mittel, „um zur Reflexion zu gelangen".[5] Gerade darum genügten ihm beschreibende Verfahren nicht, die unreflektiert eine „überkommene Form" benutzten, „als wäre man ein Ersatzwissenschaftler".[6] Dabei konzentriert er sich ganz auf das Problem der Beschreibung von Dingen und erwähnt die handelnden Personen und ihre Geschichten, die üblicherweise im Zentrum der erzählenden Literatur stehen, eher am Rand. 1972 erklärt er offen, er könne „in der Literatur keine Geschichte mehr vertragen".[7] Die üblichen Handlungsschemata müssten als Klischees durchschaut werden, nur so könne die Literatur ihre Aufgabe erfüllen, „endgültig scheinende Weltbilder" zu zerbrechen.[8]

---

5 Peter Handke, Zur Tagung der Gruppe 47 in den USA, in: Handke, Meine Ortstafeln. Meine Zeittafeln 1967–2007, Frankfurt am Main 2007, 47–52, hier 47.
6 Handke, Zur Tagung der Gruppe 47, 50.
7 Peter Handke, Ich bin ein Bewohner des Elfenbeinturms [1972], in: Handke, Meine Ortstafeln. Meine Zeittafeln, Frankfurt am Main 2007, 37–46, hier 41. Ähnlich äußert er sich 1987: „ich mag keine Geschichte erzählen. Dieses ganze Romanzeugs, das kann mir wirklich gestohlen bleiben, das ist eine Verirrung des 19. Jahrhunderts für mich." (Peter Handke, Aber ich lebe nur von den Zwischenräumen. Ein Gespräch, geführt von Herbert Gamper, Zürich 1987, 41)
8 Handke, Ich bin ein Bewohner des Elfenbeinturms, 38.

Die traditionelle Theorie des Erzählens ordnete die Beschreibung der Dinge der Handlung unter, die Beschreibungen sollten das Handeln und Erleben der Figuren verständlich machen. Die Dinge fungierten als Mittel zum Handlungszweck, symbolisierten emotionale Zustände oder dienten der Kennzeichnung eines Milieus. Diese Ansicht, die Lessing in seinem *Laokoon*-Aufsatz begründet hatte, wurde 1936 von Georg Lukács in seinem Essay *Beschreiben oder Erzählen*[9] eindrücklich aktualisiert. Er wandte sich gegen das Überhandnehmen des Beschreibens in der Gegenwartsliteratur und erhob gegen diese vermeintliche Fehlentwicklung das handlungszentrierte Erzählen im Stil von Balzac und Tolstoi zur Norm. Peter Handke vertritt die Gegenposition: Da das traditionelle Erzählen obsolet sei, rücke die zweckfreie Beschreibung von Dingen und „verdinglichten" Handlungssequenzen in den Mittelpunkt.[10] Damit steht er in einer literaturgeschichtlichen Tradition, die mindestens bis Flaubert zurückreicht und der es nach Erich Auerbach darum geht, „den Akzent auf den beliebigen Vorgang zu legen, ihn nicht im Dienst eines planvollen Handlungszusammenhangs auszuwerten, sondern in sich selbst; wobei etwas ganz Neues und Elementares sichtbar wird: eben die Wirklichkeitsfülle und Lebenstiefe eines jeden Augenblicks, dem man sich absichtslos hingibt."[11]

Die ersten Erzählungen Handkes in den 60er Jahren waren vor allem von der linear beschreibenden Darstellungsweise in Albert Camus' Erzählung *Der Fremde*[12] und vom „Ding- oder Antiroman" des *Nouveau Roman* beeinflusst.[13] Seiner Abneigung gegen das Erzählen von Handlungen entspricht auf sprachlicher Ebene das Fehlen von konsekutiven oder kausalen Subjunktionen und die Vorliebe für die additive Konjunktion „und", die der Aufzählung eines bloßen Nebeneinanders oder Nacheinanders dient. Ideengeschichtlich hängt die Abkehr vom herkömmlichen Erzählen möglicherweise

---

[9] Vgl. Georg Lukács, Beschreiben oder Erzählen, in: Lukács, Probleme des Realismus, Berlin 1955, 103–145.
[10] Ohne Lukács zu erwähnen notiert Handke am 17. 7. 1981: „Erzählen oder Beschreiben? Erzählen mit den Beschreibungen (durch B.) [als Beschreiben]" (Peter Handke, Notizbuch 26, 184–185; A: Handke, DLA Marbach).
[11] Erich Auerbach, Mimesis. Dargestellte Wirklichkeit in der abendländischen Literatur, Tübingen 1946, 513.
[12] Vgl. Handke, Gespräch mit Gamper, 94.
[13] Vgl. Irene Wellershoff, Innen und Außen. Wahrnehmung und Vorstellung bei Alain Robbe-Grillet und Peter Handke, München 1980.

auch damit zusammen, dass die teleologisch ausgerichteten „großen Erzählungen" der Geschichtsphilosophie als Deutungsfolie der Literatur unglaubwürdig geworden waren.

Tatsächlich sind die Figuren in Handkes Büchern von Anfang an schwach konturiert, ihr Verhalten erscheint wenig motiviert und kontingent.[14] Die Dinge, Gesten und Verhaltensweisen verlieren den Zusammenhang mit den beschriebenen Personen, und weil langfristige Ziele fehlen, entstehen kaum Spannungsbögen. An die Stelle der Handlung tritt die Beschreibung und mit ihr das Medium Sprache.[15] Die Grundelemente dieser fiktionalen Welten heißen nicht Raum (Ort), Zeit und Handlung – wie in der traditionellen Poetik, die auf Aristoteles zurückgeht –, sondern Raum, Zeit und Sprache. Die Reflexion der Medien des dargestellten Geschehens verleiht der Prosa einen philosophischen Charakter. Handke vermeidet allerdings die Verengung der „konkreten" Literatur, die nur noch die Sprache selbst als Thema gelten lässt, indem er sprachkritische Reflexionen an fiktionale Situationen bindet. Waren es zunächst Außenseiter, Kaspar-Hauser-Figuren oder emotional Traumatisierte, denen es nicht gelingt, sich auf die übliche Weise in der Welt der Dinge zu orientieren, fungieren seit seiner Amerika-Erzählung *Der kurze Brief zum langen Abschied* (1972) zunehmend autobiographisch inspirierte Künstlerfiguren als Subjekte der Wahrnehmung und Beschreibung.

Als literarische Vorbilder für die Hinwendung zur handlungsarmen Beschreibung unspektakulärer Alltagsgegenstände nennt Handke unter anderen Adalbert Stifter, Hugo von Hofmannsthal und Rainer Maria Rilke, also Autoren, die zu Recht in Verbindung mit der phänomenologischen Philosophie seit 1900 gebracht werden. Bekanntlich korrespondierte Edmund Husserl mit Hofmannsthal, und Martin Heidegger stützte seine Thesen mit Zitaten aus Stifters und Rilkes Werken. Auch hier handelt es sich weniger um eine Abhängigkeit, sondern eher um eine Art Wahlverwandtschaft, um stellenweise Übereinstimmungen literarischer und philosophischer

---

14 Vgl. beispielsweise Handkes Debüt-Roman *Die Hornissen* (Frankfurt am Main 1966) sowie die „Prosatexte" des Bandes *Begrüßung des Aufsichtsrats* (Salzburg 1967).
15 Auf die Affinität von Beschreibung und Sprachexperiment verweist Heinz Drügh, Ästhetik der Beschreibung. Poetische und kulturelle Energie deskriptiver Texte (1700–2000), Tübingen 2006.

Entwicklungen, die innerhalb eines gemeinsamen kulturellen Umfelds ihrer eigenen Logik folgen.

3. Heideggers Ding-Begriffe

Für Martin Heidegger ergab sich das philosophische Problem des Dings, das ihn als eine Form der Seinsfrage lebenslang beschäftigte, aus seiner Auseinandersetzung mit überlieferten Konzepten. In *Sein und Zeit* erörtert er zwei Arten von „Seiendem", denen zwei Auffassungsweisen entsprechen. Im Alltag betrachtet man das Seiende im Licht von Gewohnheiten und bleibt dem „Zeug", das „zuhanden" ist, ohne Reflexion „verfallen". Die moderne Wissenschaft dagegen beschreibt das Seiende, indem sie methodisch von praktischen Gesichtspunkten absieht und das „Ding" (im Sinne Kants) als bloß „Vorhandenes" auf mathematisch-abstrakte Größen reduziert. Aber was stellt Heidegger diesen beiden defizitären Auffassungen vom Seienden entgegen? Aus der Verfallenheit an das Zuhandene und von der Abstraktion des Vorhandenen könne sich der Einzelne nur lösen, indem er sich vom „Gerede" des „Man" zur „Eigentlichkeit" emanzipiere. Wie sich dies auf die Erscheinungsweise des Seienden auswirkt, wird allerdings kaum explizit behandelt. Implizit entspricht dieser dritten Art, das Seiende zu betrachten, die Sprache des Autors Heidegger, die weder wissenschaftlich noch alltagspraktisch, sondern phänomenologisch zu nennen ist. Nach dem Erscheinen von *Sein und Zeit* beschäftigte ihn die Frage nach einem alternativen Verständnis des Seienden weiter. Seine „Kehre" dreht sich nicht zuletzt um das Problem des Dings. Dabei spielt die Auseinandersetzung mit Kant eine wesentliche Rolle.

In grober Vereinfachung lässt sich der Perspektivwechsel folgendermaßen beschreiben: Während im Mittelpunkt von *Sein und Zeit* die zeitliche Analyse des Daseins stand, erarbeitet sich Heidegger schrittweise durch wiederholte Lektüren der *Kritik der reinen Vernunft* ein neues Verständnis des Seienden im Hinblick auf direktere Zugänge zum transzendenten Sein. In seiner Abhandlung *Kant und das Problem der Metaphysik* (1929) konzentriert er sich auf den Begriff der Einbildungskraft, 1935/36 stellt er mit seiner Kant-Vorlesung ausdrücklich *Die Frage nach dem Ding*. Zur gleichen Zeit erörtert er unter dem Titel *Der Ursprung des Kunstwerks* als Alternative zum naturwissenschaftlich betrachteten Ding die Seinsweise

Raum Zeit Sprache

eines „Werks".¹⁶ Von ihm ausgehend entwickelt er Anfang der 50er Jahre einen eigenen positiv konnotierten Begriff des Dings als Versammlungsstätte des „Gevierts". Dazu ontologisiert er zentrale Elemente der Transzendentalphilosophie. Raum und Zeit, Kants Anschauungsformen der „transzendentalen Ästhetik", fungieren jetzt als ontologische Bedingungen der Möglichkeit der Dinge und zugleich als Mittler zum transzendenten Sein (oder „Seyn").¹⁷ An die Stelle von Kants „transzendentaler Logik" (mit den Kategorien Substanz, Kausalität und so weiter) tritt eine ontologische Logik: Die „vorlogische" Sprache, vor allem die des Dichtens und Denkens, erscheint als Voraussetzung für das „Wort" im emphatischen Sinn. Wie Raum und Zeit verweist die Sprache auf das transzendente Sein.¹⁸ Ding und Wort gehören „in einer verhüllten, kaum bedachten und unausdenkbaren Weise" zueinander,¹⁹ weil sie auf denselben transzendenten Bezugspunkt ausgerichtet sind.

Notizbuch 1976: Pfefferminztee mit Heidegger

Die täglichen Aufzeichnungen zwischen November 1975 und Juli 1990, mit denen Peter Handke 66 Notizbücher mit mehr als 10.000 Seiten füllte, enthalten vor allem Beschreibungsübungen. Der Autor nennt sie „Reportagen" und „Sprachreflexe" auf bestimmte zufällige „Bewußtseins-Ereignisse", die er von „jeder Privatheit" befreit habe.²⁰ Diese Form kam ihm entgegen, denn hier entfällt der Zwang, eine zusammenhängende Geschichte zu erzählen.²¹ Für die Veröffentlichung der Journalbände traf er eine strenge Auswahl, der mehr

---

16 Vgl. Heidegger, Der Ursprung des Kunstwerks, GA 5, besonders den Abschnitt *Das Ding und das Werk*, 5–25.
17 Vgl. das Kapitel *Der Zeit-Raum als der Ab-grund* in: Heidegger, Beiträge zur Philosophie (Vom Ereignis), GA 65, 371–388.
18 Vgl. Heidegger, Brief über den Humanismus, GA 9, 364: „Die Sprache ist so die Sprache des Seins, wie die Wolken die Wolken des Himmels sind."
19 Heidegger, Das Wort, GA 12, 224.
20 Peter Handke, Die Geschichte des Bleistifts, Frankfurt am Main 1985, 6.
21 In einem Interview bekennt Handke 1987, er frage sich „sehr oft, ob nicht die Form eines Notizbuchs {…} die bessere epische Entsprechung wäre als jede {…} Erzählung." (Handke, Gespräch mit Gamper, 96) Ergänzungen in geschweiften Klammern {} stammen vom Herausgeber.

als die Hälfte des Textes zum Opfer fiel, darunter nicht selten Zitate und Kommentare, die Hinweise auf seine Lektüren geben.

Die erste Erwähnung Heideggers findet sich am 31. Mai 1976:[22]

Beim Geschmack des Pfefferminztees hatte ich gerade ein Erinnerungsbild von den Karl-May-Bildern vor 25 Jahren (steckten die in Pfefferminzbonbonrollen? Oder ist es der Papiergeschmack des Tees?) Dieser Nachmittag hier an dem Bahndamm mit dem hohen, glänzenden Gras, und das Licht, das durch das Caféterassendach schimmert – plötzlich habe ich aufgeschaut und bin endlich wieder einmal DIE WELT geworden, aufatmend erweitert Heidegger: „Vorbereitung der Bereitschaft des Sich-Offen-Haltens für die Ankunft oder das Ausbleiben des Gottes. Auch die Erfahrung dieses Ausbleibens ist nicht nichts, sondern die Befreiung des Menschen von der Verfallenheit an das Seiende." („Das andere Denken")

Das Zitat stammt aus dem langen Interview mit Heidegger, das *Der Spiegel* kurz nach dessen Tod veröffentlichte. Handke las es am Erscheinungstag in einem Pariser Vorort-Café. Diese Umstände und die Tatsache, dass er nur einen Satz (nicht ganz wörtlich) wiedergibt, sprechen für die Zufälligkeit der Lektüre. Im Interview geht Heidegger mehrfach auf das Verhältnis von Literatur und Philosophie ein und benutzt in diesem Zusammenhang den Ausdruck „das andere Denken". Gemeint ist – unter Berufung auf Hölderlin – jene Art von „Denken und Dichten", das die erwähnte „Bereitschaft des Sich-Offen-Haltens" vorbereiten könne.[23]

Der von Handke zitierte Satz lässt sich durchaus als eine Stellungnahme verstehen, denn er relativiert Heideggers Formulierung „Nur noch ein Gott kann uns retten", den *Der Spiegel* als Überschrift ausgewählt hatte. Dagegen betont Handke, dass bereits das Wissen vom „Ausbleiben des Gottes" (von ihm doppelt unterstrichen) befreiend wirke. Der Hinweis auf eine transzendente Dimension genüge, um den Menschen aus dem unreflektierten Umgang mit den Dingen zu

---

[22] Peter Handke, Notizbuch 5, 83–84 (A: Handke, DLA Marbach). Die Veröffentlichungen aus den Notizbüchern erfolgen mit freundlicher Genehmigung von Peter Handke.
[23] Vgl. Spiegel-Gespräch mit Martin Heidegger (23. September 1966), GA 16, 671 und 673–674.

Raum Zeit Sprache 139

befreien. In diesem Gedanken sah Handke einen Beitrag zu seinem erzählerischen Problem, ob und wie die Dinge sich ohne Rücksicht auf Handlungszusammenhänge beschreiben lassen.

Heidegger suchte eine philosophische Antwort auf die Frage, wie man das ‚Verfallensein', den Zusammenhang von Handlung und Ding, auflösen könne. In *Sein und Zeit* sollte dies durch die Besinnung des Menschen auf seine Endlichkeit geschehen. Diese Erlösungsfunktion übernimmt in seiner Spätphilosophie das „andere Denken", das auf Gelassenheit und der Einsicht in die Unverfügbarkeit des Seins beruht. Die Dinge verlieren ihren praktischen Bezug und werden mit einer neuen, schwer zu fassenden Bedeutung aufgeladen.

In der kurzen Passage, die dem Heidegger-Zitat im Notizbuch vorausgeht, beschreibt Handke einen Zustand des Offenseins. An Proust erinnernd löst ein Geschmackserlebnis Erinnerungen aus. Aber weder sie noch die Details der Umgebung können das plötzliche Erlebnis der Weltoffenheit erklären, vielmehr sind die Ding-Beschreibungen bereits ihr Ausdruck. Die freischwebende, nicht okkupierte Aufmerksamkeit nimmt vergangene und gegenwärtige Dinge zugleich wahr und reflektiert dabei das Erstaunliche ihrer Existenz.

Notizbuch 1978: Dinge im Raum

In Handkes Erzählung *Langsame Heimkehr* (1979) sucht die Hauptfigur Valentin Sorger einen grundsätzlich neuen Bezug zur Welt, indem er Landschaftsformen zeichnet und beschreibt. Als Geologe ist er mit den Dimensionen von Raum und Zeit vertraut, allerdings wird ihm die Sprache seiner Wissenschaft zunehmend problematisch, und schließlich lehnt er ihre „interesselose" Darstellungsmethode als unzulänglich ab. Der objektivierenden Fotografie zieht er die eigenhändige Zeichnung vor,[24] die geologische Begrifflichkeit ersetzt er durch „philosophische Phantasie",[25] die die Gegenstände bewusst „ohne die geforderte Nüchternheit"[26] beschreibt. Mit der von ihm geplanten Abhandlung „Über Räume" will er ausdrücklich

---

[24] Peter Handke, Langsame Heimkehr, Frankfurt am Main 1979, 47.
[25] Handke, Langsame Heimkehr, 63.
[26] Handke, Langsame Heimkehr, 83.

„die Übereinkünfte seiner Wissenschaft verlassen".[27] Nicht nur die von ihm verwendete Kategorie des „Schönen"[28] deutet darauf hin, dass er sich vom Wissenschaftler zum Künstler wandelt.

Um diese Erzählung zu schreiben, reiste Peter Handke 1978 an einen ihrer Schauplätze nach Alaska. Im September befand er sich in der 4.000-Einwohner-Siedlung Nome südlich des Polarkreises, direkt an der Beringsee, nahe der Grenze zwischen den USA und der UdSSR. In dieser menschenleeren Gegend las er am 25. September Heideggers Aufsatz *Bauen Wohnen Denken*, auf den ihn sein Freund Alfred Kolleritsch hingewiesen hatte.[29] Handkes Lektüreaufzeichnungen, die bisher nur zum kleinen Teil veröffentlicht wurden,[30] lauten im handschriftlichen Original folgendermaßen:[31]

„Die Art, wie ... die Weise, nach ..." (Heidegger)[32]
S{orger}[33] wohnt „im Feld", in der Landschaft, in der Morphologie
„denn bei den wesentlichen Worten der Sprache fällt ihr eigentlich Gesagtes zugunsten des vordergründig Gemeinten leicht in die Vergessenheit."[34]
SCHONEN
Schwarze Erde auf dem Friedhof und vor dem neuen Hochhaus wohnendes Schonen (: „schonendes Wohnen")
„In meiner Gegenwart"

---

[27] Handke, Langsame Heimkehr, 112.
[28] Handke, Langsame Heimkehr, 83.
[29] Das geht aus einem Brief von Handke hervor: „Lieber Fredy, ich bin Dir dankbar, daß Du auf unserem Weg den Aufsatz von Heidegger übers Wohnen erwähnt hast; hier habe ich ihn gelesen fast wie ein Evangelium. Vor den Häusern ist die Bering-See, stürmisch und kalt." (Peter Handke, Alfred Kolleritsch, Schönheit ist erste Bürgerpflicht. Briefwechsel, Salzburg/Wien 2008, 115).
[30] Publiziert wurden nur die beiden längeren Heidegger-Zitate „Im Retten der Erde {...} des Gevierts" und „Allein die Dinge {...} ein Bauen" (Handke, Geschichte des Bleistifts, 161).
[31] Peter Handke, Notizbuch 16, 50–51 (A: Handke, DLA Marbach).
[32] Vgl. Heidegger, Bauen Wohnen Denken, GA 7, 149: „Das alte Wort bauen, zu dem das ‚bin' gehört, antwortet: ‚ich bin', ‚du bist' besagt: ich wohne, du wohnst. Die Art, wie du bist und ich bin, die Weise, nach wir Menschen auf der Erde *sind*, ist das Buan, das Wohnen."
[33] Ergänzungen in geschweiften Klammern {} stammen vom Herausgeber.
[34] Vgl. Heidegger, Bauen Wohnen Denken, GA 7, 150.

Raum Zeit Sprache　　　　　　　　　　　　　　　　　　　　　　　141

„Die Sterblichen sind im Geviert, indem sie wohnen ... Die Sterblichen wohnen in der Weise, daß sie das Geviert in sein Wesen schonen. Demgemäß ist das wohnende Schonen vierfältig."[35]
Nach einiger Zeit glaubte S{orger} ihm plötzlich; er (H{eidegger}) war der erste seit langem, dessen Sprache er glaubte
„Im Retten der Erde, im Empfangen des Himmels, im Erwarten der Göttlichen, im Geleiten der Sterblichen ereignet sich das Wohnen als das vierfältige Schonen des Gevierts."[36]
„Der Aufenthalt bei den Dingen ist die einzige Weise, wie sich der vierfältige Aufenthalt im Geviert jeweils einheitlich vollbringt."[37]
„Allein die Dinge selbst bergen das Geviert nur dann, wenn sie selber als Dinge in ihrem Wesen gelassen werden. Wie geschieht das? Dadurch, daß die Sterblichen die wachstümlichen Dinge hegen und pflegen, daß sie Dinge, die nicht wachsen, eigens errichten. Das Pflegen und das Errichten ist das Bauen im engeren Sinne. Das Wohnen ist, insofern es das Geviert in die Dinge verwahrt, als dieses Verwahren ein Bauen."[38]

Drei Seiten später folgen weitere Exzerpte aus Heideggers Aufsatz:[39]

„Die Brücke" (R.) [Auf der Brücke]
Oft fühlte er sich, durch seinen reflexhaften Sprachsuchzwang, abgetrennt von den Erscheinungen; deswegen mußte er sich in diese, nach dem ersten Blick, erst wieder langwierig vertiefen (gilt auch für den Geologen S{orger}, der sogleich auf die Gesetzmäßigkeiten in einem Anblick aus ist): die Straße von Nome in der Nacht, Kabel wie Zweige nicht vorhandener Bäume, Buchten von Plastikplanen vor Schaufenstern, die rotgelb beleuchtet sind und aus dem Dunkel glimmen, während hinter den Häusern die arktische See rauscht, Wasserfall; die Spalten zwischen den Häusern mit den Abfällen, sehr schnell, am Ende der braune Meeresschaum, diese ½ m breiten Spalten als Raum der äußersten Verlo-

---

35　Vgl. Heidegger, Bauen Wohnen Denken, GA 7, 152.
36　Vgl. Heidegger, Bauen Wohnen Denken, GA 7, 153.
37　Vgl. Heidegger, Bauen Wohnen Denken, GA 7, 153.
38　Vgl. Heidegger, Bauen Wohnen Denken, GA 7, 153.
39　Peter Handke, Notizbuch 16, 54–56 (A: Handke, DLA Marbach); publiziert wurde lediglich ein Auszug aus dem Heidegger-Zitat („Die Grenze {...} aus ‚dem' Raum"; vgl. Handke, Geschichte des Bleistifts, 163).

renheit: furchtbare Enge, Kälte, Nässe, Schmutzigkeit, Finsternis, und am Ende furchtbare Weite, das Meer mit der Brandung
„Sie (die Brücke) ist ein Ding, versammelt das Geviert, versammelt jedoch in der Weise, daß sie dem G{eviert} eine Stätte verstattet. Aus dieser Stätte bestimmen sich Plätze und Wege, durch die ein Raum eingeräumt wird.
Dinge, die in solcher Art Orte sind, verstatten jeweils erst Räume ... Ein R{aum} ist etwas Eingeräumtes, Freigegebenes, nämlich in eine Grenze πέρας. Die Grenze ist nicht das, wobei etwas aufhört, sondern ... jenes, von woher etwas sein Wesen beginnt ... Demnach empfangen die Räume ihr Wesen aus Orten und nicht aus ‚dem' Raum."[40]
„Wenn wir jetzt – wir alle – von hier aus an die alte Brücke in H{eidelberg} denken, dann ist das Hindenken zu jenem Ort kein bloßes Erlebnis in den hier anwesenden Personen, vielmehr gehört es zum Wesen unseres Denkens an die genannte Brücke, daß dieses Denken in sich die Ferne zu diesem Ort durchsteht ... Die Sterblichen sind, das sagt: wohnend durchstehen sie Räume aufgrund ihres Aufenthalts bei Dingen und Orten. Und nur weil die Sterblichen ihrem Wesen gemäß Räume durchstehen, können sie Räume durchgehen. Doch beim Gehen geben wir jenes Stehen nicht auf. Vielmehr gehen wir stets so durch Räume, daß wir dabei schon ausstehen, indem wir uns ständig bei nahen und fernen Orten und Dingen aufhalten ... Ich bin niemals nur hier als dieser abgekapselte Leib, sondern ich bin dort, d.h. den Raum schon durchstehend, und nur so kann ich ihn durchgehen."[41]
„Das Bauen errichtet Orte, die dem Geviert eine Stätte einräumen"[42]
„Die Bauten verwahren das Geviert. Sie sind Dinge, die auf ihre Weise das Geviert schonen. Das Geviert zu schonen, die Erde zu retten, den Himmel zu empfangen, die Göttlichen zu erwarten, die Sterblichen zu geleiten, dieses vierfältige Schonen ist das einfache Wesen des Wohnens."[43]
„Nur wenn wir das Wohnen vermögen, können wir bauen."[44]

---

[40] Vgl. Heidegger, Bauen Wohnen Denken, GA 7, 156.
[41] Vgl. Heidegger, Bauen Wohnen Denken, GA 7, 159.
[42] Vgl. Heidegger, Bauen Wohnen Denken, GA 7, 161.
[43] Vgl. Heidegger, Bauen Wohnen Denken, GA 7, 161.
[44] Vgl. Heidegger, Bauen Wohnen Denken, GA 7, 162.

„Die eigentliche Not des Wohnens beruht darin, daß die Sterblichen das Wesen des Wohnens immer erst wieder suchen, daß sie das Wohnen erst lernen müssen."⁴⁵
„Sobald der Mensch jedoch die Heimatlosigkeit bedenkt, ist sie bereits kein Elend mehr."⁴⁶
„Sind Sie hier (in N{ome}), weil Sie schon überall gewesen sind?" (Lachen des Fragers)

Heidegger beschreibt das Verhältnis des Menschen zu den Dingen mit dem Begriff des „Wohnens". Seine Erläuterungen laufen auf die Forderung hinaus, die Dinge jenseits ihres praktischen Werts und wissenschaftlicher Abstraktion wahrzunehmen, zu beschreiben und zu „schonen", das heißt sie in ihrem „Wesen" zu „belassen".⁴⁷ Das „Wohnen" wird als „Aufenthalt bei den Dingen"⁴⁸ definiert – an anderer Stelle setzt er „Aufenthalt" und „Ethos" unter Berufung auf Heraklit ausdrücklich gleich.⁴⁹ Erst durch eine bestimmte Art des Umgangs wird das Seiende zum „Ding" in Heideggers Sinn, nämlich dann, wenn der Betrachter in ihm das „Geviert", die Gesamtheit von Erde, Himmel, Sterblichen und Göttlichen, versammelt sieht. Während die Wissenschaft ihre Gegenstände auf neutrale und gleichförmige Raum- und Zeit-Stellen festlegt, prägen Heideggers Dinge den sie umgebenden Raum.

Diese Überlegungen dürften für Handkes Erzählprojekt aus mehreren Gründen von Interesse gewesen sein. „Himmel" und „Erde", die physische Hälfte des „Gevierts", bezeichnen die Grundbestandteile der Landschaft, um deren Darstellbarkeit es dem Autor und seiner Hauptfigur geht.⁵⁰ Die Erdoberfläche ist die Grenze zwischen Erde und Himmel, erst im Sonnenlicht werden die Landschaftsformen sichtbar. Landschaftsgeschichtlich betrachtet verweisen Erde und Himmel auf die beiden geologischen Grundkräfte: Die exogenen Kräfte (Verwitterung und so weiter) haben ihren Ursprung

---

45 Vgl. Heidegger, Bauen Wohnen Denken, GA 7, 163.
46 Vgl. Heidegger, Bauen Wohnen Denken, GA 7, 163–164.
47 Heidegger, Bauen Wohnen Denken, GA 7, 151.
48 Heidegger, Bauen Wohnen Denken, GA 7, 153.
49 „ἦθος bedeutet Aufenthalt, Ort des Wohnens" (Heidegger, Brief über den Humanismus, GA 9, 354).
50 Vgl. auch Christoph Parry, Peter Handke's Landscapes of Discourse, Riverside, CA 2003.

letztlich in der Sonnenstrahlung, während die endogenen Kräften (Vulkanismus und so weiter) aus dem Erdinneren stammen.[51]

Handkes Hauptfigur betreibt die Beschreibung der Landschaft nicht als Wissenschaftler, sondern auf der Suche nach einem „Heil",[52] das er an ein neues Verständnis von Raum und Zeit bindet. (Dementsprechend erwog der Autor als alternativen Titel „Die Zeit und die Räume".)[53] Seine Beschreibung räumlicher Formen versteht er als „Raumeroberung",[54] die der drohenden Melancholie des „Raumverbots"[55] beziehungsweise „Raumentzugs"[56] entgegenarbeitet. Die Erfahrung, dass „jedes Ding seinen Platz in einer neuen Raumtiefe"[57] hat und sich ein „Genuß am bloßen Wohnen" einstellt,[58] ruft Allheits- und Freiheitsvorstellungen hervor. Mit dem „360°-Gefühl" der „Geistesgegenwart"[59] verbindet sich das Erlebnis einer Transzendenz: „im Glücksfall aber, in der seligen Erschöpfung, fügten sich alle seine Räume, die einzelnen, neueroberten mit den früheren, zu einer Himmel und Erde umspannenden Kuppel zusammen, als ein nicht nur privates, sondern auch den anderen sich öffnendes Heiligtum".[60] Ebenso bemüht sich Handkes Hauptfigur um ein „Neubegreifen der Zeit". Am Ende bedeutet sie ihm nicht mehr „Verlassenheit und Zugrundegehen, sondern Vereinigung und Geborgenheit; und einen hellen Moment lang {...} stellte er sich die Zeit als einen ‚Gott' vor, der ‚gut' war". Und sofort betont er die Verbundenheit von Transzendenz und Sprache: „Ja, er hatte das Wort, und die Zeit wurde ein Licht".[61]

---

[51] Vgl. beispielsweise Kurd von Bülow, Geologie für Jedermann, Stuttgart 1954, 37 und 108.
[52] Handke, Langsame Heimkehr, 9.
[53] Peter Handke, Notizbuch 16, Vorsatz (A: Handke, DLA Marbach).
[54] Handke, Langsame Heimkehr, 180.
[55] Handke, Langsame Heimkehr, 138.
[56] Handke, Langsame Heimkehr, 146.
[57] Handke, Langsame Heimkehr, 143. Martin Seel wählt Handkes Erzählung *Abwesenheit* (1987) als Hauptbeispiel für die Erörterung der „Raumkontemplation" (Martin Seel, Eine Ästhetik der Natur, Frankfurt am Main 1996, 55–56, 65, 76, 84, 96 und 148–149).
[58] Handke, Langsame Heimkehr, 63.
[59] Peter Handke, Notizbuch 19, 107 (A: Handke, DLA Marbach).
[60] Handke, Langsame Heimkehr, 15.
[61] Handke, Langsame Heimkehr, 173. 1981 notiert er: „Raum und Zeit vollständig, voll zur Verfügung – das ist Gott, alles andere ist fürchterliches, beengendes, einkerkerndes Menschenunwesen" (Peter Handke, Notizbuch 31, 81; A: Handke, DLA Marbach).

Wie bei Heidegger strukturieren in Handkes Erzählung bestimmte, sonst unbeachtete Dinge den sie umgebenden Raum:

> Das war auch sein Ausgangspunkt: daß sich, einmal, dem Bewußtsein in jedem beliebigen Landstrich, wenn es nur die Zeit hatte, sich mit ihm zu verbinden, eigentümliche Räume auftaten, und daß, vor allem, diese Räume nicht von den gleich augenfälligen, landschaftsbeherrschenden, sondern von den ganz und gar unscheinbaren, mit keinem wissenschaftlichen Scharfblick wahrnehmbaren Elementen geschaffen wurde {...}.[62]

In einem „Erdbebenpark" an der Atlantikküste erscheint Sorger eine gewöhnliche „Erdstelle", die das Beben an die Erdoberfläche beförderte und die daher Zeit aufzubewahren scheint, plötzlich als ein raumschaffendes und gewissermaßen „heiliges" Ding. Beim Zeichnen schieben sich – ähnlich wie bei Heideggers „Geviert" – verschiedene Seinsbereiche ineinander: Der „formlose Lehmhaufen" verwandelt sich in eine Fratze, die an eine indianische Tanzmaske erinnert: „in einem einzigen Moment erlebte Sorger das Erdbeben und den menschlichen Erdbeben-Tanz".[63]

Aber kann man hier tatsächlich von einer Parallele sprechen? Beschreibt Handke beziehungsweise seine Figur nicht ausdrücklich Naturdinge, während es Heidegger um hergestellte Dinge geht? Der Einwand lässt sich entkräften, wenn man bedenkt, dass die natürlichen Dinge in Handkes Erzählung nur in der Form von Beschreibungen (oder Zeichnungen) erscheinen, und das sind offensichtlich hergestellte Dinge. Das Beschreiben ist neben dem „Pflegen" und „Errichten" eine weitere Weise des „Bauens". Diesen Gedanken entwickelte Heidegger 1951 anhand einer hölderlinschen Wendung in seinem Vortrag „... *dichterisch wohnt der Mensch*...". Dort heißt es: „Dichten ist, als Wohnenlassen, ein Bauen". Das setze allerdings den „Zuspruch der Sprache" voraus; ihr gegenüber sei die Dichtung ein „Entsprechen".[64]

„Nach einiger Zeit glaubte S{orger} ihm plötzlich; er (H{eidegger}) war der erste seit langem, dessen Sprache er glaubte": Dieser Satz deutet darauf hin, dass Handke seine Hauptfigur als Heid-

---

[62] Handke, Langsame Heimkehr, 112–113.
[63] Handke, Langsame Heimkehr, 117.
[64] Heidegger, „... dichterisch wohnt der Mensch ...", GA 7, 193–194.

egger-Leser darstellen wollte. Warum hat er diese Idee nicht realisiert und ihre Spuren bei der Veröffentlichung des Journalbandes unterdrückt?[65] Mangelte ihm schließlich doch der Glaube an Heideggers Sprache? Oder lag es auch an dessen Verhalten im Dritten Reich? Dafür spricht, dass Handke ohnedies Bedenken hatte, mit dem Thema seiner Erzählung in die Nähe der nationalsozialistischen Ideologie gerückt zu werden, wie eine (bisher unveröffentlichte) Bemerkung im Notizbuch vom 13. Dezember 1978 belegt:

> Es ist schon wirklich ein furchtbares Problem der Historie in der Geschichte, die ich schreibe(n möchte): da diese vom Fähigwerden, vom Vollkommenen, Reinen und so weiter handeln soll, muß sie in Konflikt mit der Historie (3. Reich) kommen, wo dies wie für immer verschandelt wurde: Macht, Fähigkeit, Kraft, Ehe, Liebe, Natur und so weiter, das ist es, was mich beim Schreiben so oft mit GRAUEN erfüllt[66]

In der Endfassung der Erzählung wird anstelle von Heidegger auf die Naturphilosophie von Lukrez verwiesen.[67] In *Die Lehre der Sainte-Victoire,* dem zweiten Teil der Tetralogie, erscheint als Leitfigur ein namenloser Philosoph – gemeint ist jedoch nicht Heidegger, sondern Spinoza.

Notizbuch 1979: Auftrag Unauffälligkeit

Anfang Juni 1979 – Handke befindet sich in Berlin – taucht Heideggers Name in den Notizbüchern erneut auf; diesmal zitiert Handke aus den Aufsätzen *Wer ist Nietzsches Zarathustra?* und „... *dichterisch wohnet der Mensch* ...", die im Sammelband *Vorträge und Aufsätze* enthalten sind, in dem er ein Jahr zuvor den Aufsatz *Bauen Wohnen Denken* gelesen hatte. Erneut geht es Handke um das Verhältnis von Dichtung, Philosophie und Wissenschaft. Nietzsche, mit dem er sich intensiv auseinandersetzte, erscheint als Inbegriff eines

---

[65] Im Druck heißt es: „(Und nach einiger Zeit glaubt der Leser dieser Sprache)" (Handke, Geschichte des Bleistifts, 161).
[66] Peter Handke, Notizbuch 18, 47 (A: Handke, DLA Marbach).
[67] Vgl. Handke, Langsame Heimkehr, 155.

Raum Zeit Sprache

poetischen Philosophierens jenseits der Wissenschaft. Handke exzerpierte folgende Heidegger-Stellen:[68]

„Allein der Lehrer weiß, daß, was er lehrt, ein Gesicht bleibt und ein Rätsel. In diesem nachdenklichen Wissen harrt er aus. Wir Heutigen sind durch die eigentümliche Vorherrschaft der neuzeitlichen Wissenschaften in den seltsamen Irrtum verstrickt, der meint, das Wissen lasse sich aus der Wissenschaft gewinnen … Aber das Einzige, was jeweils ein Denker zu sagen vermag …, läßt sich nur fragend-denkend zu Gesicht bringen …" (Heidegger über Zarath.)[69]
„Im Grunde gilt … von jedem wesentlichen Gedanken jedes Denkers: Gesichtetes, aber Rätsel – frag-würdig"[70]
„Die Geschäftigkeit des Widerlegenwollens gelangt aber nie auf den Weg eines Denkers" (Sie gehört in jene Kleingeisterei, deren Auslassungen die Öffentlichkeit zu ihrer Unterhaltung bedarf)[71]
Ich glaube, mein Auftrag ist die Unauffälligkeit (auch der Sprache) [: Philosoph]
Phantasien, zur Moral der Philosophie geläutert (so müßte „Die Wiederholung" funktionieren)[72]
„Das Maß besteht in der Weise, wie der unbekannt bleibende Gott als dieser durch den Himmel offenbar ist" (über Hölderlin)[73] {…}
Sicher: Dichten als das Maßnehmen zwischen Erde und Himmel; wie aber dabei selbst (als Selbst) nicht wahnsinnig werden oder anders zugrundegehen? (Heute wäre ich fast geplatzt)[74]

Wer poetische Phantasie mit der „Moral der Philosophie" verbinden möchte, zielt weniger auf Unterhaltung als auf Wahrheit. Wie ernst

---

[68] Peter Handke, Notizbuch 20, 85–89, Eintrag vom 4.6.1979 (A: Handke, DLA Marbach); nur teilweise publiziert in: Handke, Geschichte des Bleistifts, 225–226.
[69] Vgl. Heidegger, Wer ist Nietzsches Zarathustra?, GA 7, 117.
[70] Peter Handke, Notizbuch 20, 86, Eintrag vom 6.6.1979 (A: Handke, DLA Marbach). Vgl. Heidegger, Wer ist Nietzsches Zarathustra?, 118.
[71] Vgl. Heidegger, Wer ist Nietzsches Zarathustra?, GA 7, 119. Der Zusatz in Klammern stammt ebenfalls von Heidegger.
[72] Gemeint ist Handkes Erzählung *Die Wiederholung* (Frankfurt am Main 1986).
[73] Vgl. Heidegger, „… dichterisch wohnt der Mensch …", 201.
[74] Vgl. Heidegger, „… dichterisch wohnt der Mensch …", 202.

Handke diesen Anspruch nimmt, zeigt die Tatsache, dass er sich implizit mit Hölderlin vergleicht. Damit entfernt er sich bewusst vom Hauptstrom der zeitgenössischen Literatur; sein Ideal der „Unauffälligkeit" richtet sich dementsprechend gegen „Geschäftigkeit" und „Öffentlichkeit".

Notizbuch 1979: Ausgestreckt in Delphi

Am 12. November 1979 bezeugt das Notizbuch ausnahmsweise die Lektüre von Sekundärliteratur. Handke las an diesem Tag einen kurzen Aufsatz von Werner Marx über *Sein und Zeit* in der *Neuen Zürcher Zeitung*.[75] Seine Exzerpte verraten, dass er mit Heideggers frühem Hauptwerk wenig vertraut war – offenbar konnte er mit dessen späterer Philosophie sehr viel mehr anfangen. Die (bisher unveröffentlichte) Passage aus dem Notizbuch lässt wieder einmal sein poetisches Verfahren erkennen: Durch Auswahl und Formulierung setzt er Dinge, Zitate und Gedanken, die der Tag zufällig zusammenbrachte, zwanglos miteinander in Beziehung:[76]

> Ich lese „Geworfenheit" und sehe mich im Gras des Stadions von Delphi liegen
> Sorge: „Einheit von Existenz, Verfallensein und Faktizität" (F. = „Geworfenheit")[77]
> „Es bedarf keines umständlichen Beweises dafür, daß ein Philosophieren, das von dem Sinn der cartesischen Substanz her, der <u>Dinge Vorhandenheit</u>, menschliches Sein zu bestimmen versucht, die Phänomene der Endlichkeit, der Angst und des Todes nicht sachentsprechend zu denken vermag, daß Heidegger sie <u>nur</u> da-

---

[75] Werner Marx, In-der-Welt-Sein. Martin Heideggers *Sein und Zeit*, in: Literatur und Kunst. Beilage zur *Neuen Zürcher Zeitung* vom 10./11.11.1979, 65–66. In dieser Beilage wurden auch folgende philosophische Werke vorgestellt, die Handke nicht erwähnt: Husserls *Logische Untersuchungen*, Adorno/Horkheimers *Dialektik der Aufklärung*, Sartres *L'être et le néant*, Wittgensteins *Logische Untersuchungen*, Plessners *Die Stufen des Organischen und der Mensch* und Blochs *Vom Geist der Utopie*.
[76] Peter Handke, Notizbuch 22, 8–9 (A: Handke, DLA Marbach).
[77] Vgl. Marx, Martin Heideggers *Sein und Zeit*, 65.

Raum Zeit Sprache

durch zur Sprache bringen konnte, daß er diese Kategorien überwand" (W. Marx)[78]
Blätterscharen auf den Schnee fallend und das Licht des Sterbens (J. Winkler)
Dasein als „erstrecktes Sichausstrecken": geschichtlich[79]

Das suggestive Bild des liegenden Autors im delphischen Stadion[80] veranschaulicht nicht ohne Ironie Heideggers Begriff der „Geworfenheit". Wenn Handke mit Marx und Heidegger betont, weder die Wissenschaft noch die herkömmliche Philosophie könnten Phänomene der „Endlichkeit, der Angst und des Todes" angemessen ausdrücken, sieht er hier eine Aufgabe der Literatur, wie das unmittelbar anschließende Zitat von Josef Winkler zeigt. Im folgenden Satz wechselt er wieder zu *Sein und Zeit*. Während Heidegger das „Geschehen des Daseins" ein „erstrecktes Sicherstrecken" nennt – wie Marx korrekt zitiert –, verwandelt Handke das Wort zu einem „Sich*aus*strecken". Damit gibt er Heideggers neutralem Raumbegriff den Sinn einer Entspannung und schlägt den Bogen zurück zum Bild des liegenden Dichters in Delphi. Sein „Sichausstrecken" enthält die „Geworfenheit", aber mehr noch die „Gelassenheit", das Ideal des späten Heidegger.

Notizbuch 1982: Lob der Leere

Der nächste Hinweis auf Heidegger findet sich erst zwei Jahre später, am 24. Oktober 1982:[81]

---

[78] Vgl. Marx, Martin Heideggers *Sein und Zeit*, 65. Marx spricht von „Dingvorhandenheit".
[79] Vgl. Marx, Martin Heideggers *Sein und Zeit*, 65: „Als ‚Auf-sich-zu-Kommen' und ‚Auf-sich-Zurückkommen', also als Entwurf und Geworfenheit, ist das Dasein ein ‚erstrecktes Sicherstrecken' und insofern *geschichtlich*." Vgl. dazu Heidegger, Sein und Zeit, GA 2, 495.
[80] Handke befand sich am 12.11.1979 in Salzburg. Das Stadion von Delphi kannte er vermutlich von früheren Reisen, es wird auch in seinem Buch *Die Lehre der Sainte-Victoire* erwähnt, an dem er Ende 1979 arbeitete (vgl. Peter Handke, Die Lehre der Sainte-Victoire, Frankfurt am Main 1980, 36–37).
[81] Peter Handke, Notizbuch 31, 91 (A: Handke, DLA Marbach). Vgl. das Frontispiz in diesem Band.

„Sein als die Leere und der Reichtum" (Heidegger)[82] [„Das Sein ist zumal das Leerste und das Reichste, zumal das Allgemeinste und das Einzigste, zumal das Verständlichste und allem Begriff sich Widersetzende, zumal das Gebrauchteste und doch erst Ankünftige, zumal das Verläßlichste und das Abgründigste, zumal das Vergessenste und das Erinnerndste, zumal das Gesagteste und das Verschwiegenste"][83]
„Die Dinge sind Zeiger", sagte der Vortragende im Traum
„Der Töpfer ... gestaltet (im Krug) die Leere." (also bin ich Töpfer)[84]
„WAS IST, DIENT ZUM BESITZ
WAS NICHT IST, DIENT ZUM WERK" (11. Spruch des Tao-Te-King: Wie konnte ich ihn nur überlesen?)

Hier kombiniert Handke zwei Heidegger-Passagen aus verschiedenen Texten mit einer kurzen Traumszene. Wie sein gestrichener Kommentar zeigt, bezieht er die Ausführungen über die Leere direkt auf seine schriftstellerische Arbeit. Dieser Zusammenhang bedarf einer kurzen Erläuterung.

Bereits in seiner Antrittsvorlesung *Was ist Metaphysik?* beschreibt Heidegger die Erfahrung des Nichts, die der Wissenschaft verschlossen bleibe, als einen bevorzugten Weg, das „Sein im Ganzen" und damit die Transzendenz des Seins zu erfahren. In seinen späteren Schriften erörtert er immer wieder verschiedene Formen des Nichts: die Leere des Raums („Lichtung"), die Leere der Zeit („Langeweile") und die Leere der Sprache („Schweigen"). Damit bringt er die (nicht-)seienden Dinge beziehungsweise Worte in die Schwebe der Möglichkeitsform: Alles könnte anders sein, als es ist. Während Heidegger in *Sein und Zeit* das „Nichtigsein" als „Freisein des Daseins für seine existentiellen Möglichkeiten"[85] verstand,

---

[82] Heidegger, Nietzsche II, GA 6.2, 220.
[83] Heidegger, Nietzsche II, GA 6.2, 226.
[84] Vgl. Heidegger, Das Ding, GA 7, 171: „Wand und Boden, woraus der Krug besteht und wodurch er steht, sind nicht das eigentlich Fassende. Wenn dies aber in der Leere des Kruges beruht, dann verfertigt der Töpfer, der auf der Drehscheibe Wand und Boden bildet, nicht eigentlich den Krug. Er gestaltet nur den Ton. Nein – er gestaltet die Leere. {...} Das Dinghafte des Dinges beruht keineswegs im Stoff, daraus er besteht, sondern in der Leere, die faßt."
[85] Heidegger, Sein und Zeit, GA 2, 378.

Raum Zeit Sprache

verweist die Leere in seiner späteren Ontologie auf die Zufälligkeit und Unverfügbarkeit des Seins: Es ereignet sich – oder es ereignet sich nicht. Nach dieser Konzeption beruht die menschliche Freiheit darauf, die unhintergehbare Kontingenz alles Seienden gelassen zu akzeptieren.

Für Handke war die Leere vor allem ein literarisches Problem. Schon Roman Ingarden wies darauf hin, dass Raum- und Zeitkontinua in der Literatur nur mit Hilfe einer Folge von Ausschnitten dargestellt werden können, die immer durch „Lücken", „Zwischenräume" oder „leere" Phasen getrennt sind.[86] Ähnlich wie Filmcuts werden solche „Unbestimmtheitsstellen" üblicherweise durch Erzählschemata überspielt, vor allem durch Handlungen oder andere Darstellungen von Kausalität. Da Handke diese Mittel ablehnt, steht er vor der erzählpraktischen Frage, auf welche andere Weise Zusammenhang und Ganzheit suggeriert werden können. In der *Lehre der Sainte-Victoire* fand er – angeregt durch die Cézanne-Analysen von Kurt Badt[87] – eine überraschende Lösung: Anstatt von den Dingen auszugehen und dann passende Übergänge zu suchen, rückt er die „Leere" oder „Bruchstelle"[88] zwischen den Dingen ins Zentrum der Aufmerksamkeit. Anders als bei der Leere der Melancholie handelt es sich hier um eine sozusagen produktive Leere. Ihr entspricht sein Interesse für Schwellen und Zwischenräume, die leitmotivisch seine Erzählung *Der Chinese des Schmerzes* durchziehen.[89] Die oben wiedergegebenen Aufzeichnungen entstanden bei der Arbeit an dieser Erzählung.

Im Notizbuch zitiert Handke aus Heideggers *Nietzsche* Kennzeichnungen des Seins, die auf dem Grundwiderspruch von Sein und Nicht-Sein beruhen. Die darauf folgende Traumszene „Die Dinge sind Zeiger" lässt sich auf den bereits erörterten Zusammenhang zwischen „Ding" und „Geviert" beziehen, denn indem die Dinge die „Weltgegenden" versammeln, verweisen sie als Zeiger oder Symbole auf das Ganze des Seienden und damit auf das transzendente Sein. Darüber hinaus ist das Moment der Leere für alle Symbole und Zeichen insofern konstitutiv, als die bezeichneten

---

[86] Roman Ingarden, Das sprachliche Kunstwerk, dritte Auflage, Tübingen 1965, 236 und 251–252.
[87] Vgl. Kurt Badt, Die Kunst Cézannes, München 1956.
[88] Peter Handke, Die Lehre der Sainte-Victoire, Frankfurt am Main 1980, 89.
[89] Vgl. Peter Handke, Der Chinese des Schmerzes, Frankfurt am Main 1983.

Dinge in der Regel abwesend sind und nur imaginativ vergegenwärtigt werden können. Das daher rührende Problem des Entzifferns behandelt Handke mehrfach in seinen Büchern.

Wie bewusst die Notizbuch-Passage komponiert wurde, zeigt die Tatsache, dass der nächste Satz aus einem ganz anderen Zusammenhang stammt, nämlich aus Heideggers Aufsatz *Das Ding,* in dem der „Geviert"-Charakter eines Dings am Beispiel eines Kruges beschrieben wird. Sein Wesen beruhe nicht auf Stofflich-Materiellem, sondern auf der „Leere, die er faßt". Nicht das Haushaltsgefäß, sondern das darin (möglicherweise) enthaltene Getränk wird in Beziehung zu Erde, Himmel, Göttlichen und Sterblichen gesetzt. Der Krug als Bedingung der Möglichkeit des Trunkes erscheint als Symbol für die Transzendenz des Seins.

Heideggers Behauptung „Der Töpfer ... gestaltet (im Krug) die Leere" kommentiert Handke mit der später durchgestrichenen Bemerkung „(also bin ich Töpfer)". Damit gibt er zunächst zu erkennen, dass er den Krug als Beispiel für Kunstwerke schlechthin versteht, und tatsächlich handelt es sich ja bei Heideggers Ding-Begriff der 50er Jahre um eine Weiterentwicklung seines Werk-Begriffs. So gesehen nennt Handke sich zu Recht einen „Töpfer". Aber warum hat er seinen Satz dann gestrichen? Kam ihm die Selbstkennzeichnung zu pathetisch vor, oder erschien ihm die Lehre vom Geviert schließlich zu dogmatisch? Oder bemerkte er, dass der Schöpfer des Kruges bei Heidegger nicht der Töpfer, sondern eigentlich erst der Philosoph ist, der ihn mitsamt seiner Leere beschreibt?

Handkes Begriff der „Leerform", der sich seit Anfang 1983 häufig in den Notizbüchern[90] und auch in der Erzählung *Die Wiederholung*[91] findet, meint die Beschreibung von sonst unbeachteten, weil allzu alltäglichen Dingen und Vorgängen. Es handelt sich also um Formen der Leere im Sinn der Abwesenheit „bedeutender", üblicherweise für erzählwürdig gehaltener Ereignisse.[92] Den „bedeutungsleeren" Dingen gilt Handkes besondere Aufmerksamkeit. Ge-

---

[90] Vgl. Peter Handke, Am Felsfenster morgens (und andere Ortszeiten 1982–1987), Salzburg/Wien 1998, 16, 21, 22, 23, 27 u. ö. – 1983 konnte Handke noch nicht wissen, dass Heidegger den Begriff der „Leerform" bereits in den dreißiger Jahren benutzte, da die *Beiträge zur Philosophie* erst 1985 veröffentlicht wurden (vgl. Heidegger, Beiträge zur Philosophie, GA 65, 373–375).
[91] Vgl. Peter Handke, Die Wiederholung, Frankfurt am Main 1986, 212, 218 u. ö.
[92] Vgl. Handke, Gespräch mit Gamper, 113–114.

Raum Zeit Sprache

legentlich verleiht er ihnen sogar die Aura des Numinosen, so dass sie wie innerweltliche Epiphanien plötzlich das Ganze und Transzendente zu vertreten scheinen. Solche Epiphanien erinnern an Heideggers Ding-Begriff, stehen aber zugleich in einer Traditionslinie der literarischen Moderne.[93]

Notizbuch 1986: „wie ich mich einst zu Heidegger verhielt ..."

Nach 1982 fehlen in den Notizbüchern vier Jahre lang Heidegger-Erwähnungen; erst im Juli 1986 taucht sein Name wieder auf. Damals las Handke auf einer Reise durch die Bretagne den gerade erschienenen Briefwechsel zwischen Heidegger und Erhart Kästner. Da er mit der Übersetzung des Dramas *Prometheus, gefesselt* von Aischylos beschäftigt war, wird ihn das Thema Griechenland, um das der Briefwechsel kreist, interessiert haben. Seine Exzerpte zeigen, dass es ihm auch um Fragen der Lebensführung ging:[94]

26.7.1986
Andenken: Erinnerung (Heidegger)[95]
„Griechenland ist immer noch der Traum, und jeder neue Anlauf des Denkens lebt in ihm" (Heidegger an Erhart Kästner)[96] {...}
„Gern wäre ich mit Ihnen den Feldweg gegangen bei einem guten Gespräch" (Heid.)[97] {...}
„Ich muß jetzt darauf denken, das, was vor dem inneren Blick steht, noch in einem gemäßen Sagen festzuhalten" (Heid.) Und

---

[93] Vgl. Christoph Bartmann, Suche nach Zusammenhang. Handkes Werk als Prozeß, Wien 1984, 167–238.
[94] Peter Handke, Notizbuch 49, Eintrag vom 26./27.7.1986 (A: Handke, DLA Marbach).
[95] Vgl. einen Brief Martin Heideggers an Erhart Kästner vom 1.1.1954: „Ich bin in meinem Leben wenig gereist; und wenn es geschah, war nie die augenblickliche Erfahrung das Wesentliche. Dieses entfaltet sich mir erst später im Andenken, was etwas anderes ist als die Erinnerung an Vergangenes." (Martin Heidegger/Erhart Kästner, Briefwechsel 1953–1974, hrsg. von Heinrich Wiegand Petzet, Frankfurt am Main 1986, 22).
[96] Vgl. Martin Heidegger an Erhart Kästner, Brief vom 16.7.1957, in: Heidegger/Kästner, Briefwechsel, 34.
[97] Vgl. Martin Heidegger an Erhart Kästner, Brief vom 4.10.1959, in: Heidegger/Kästner, Briefwechsel, 41.

weiter: „Die Sammlung dazu bietet am ehesten der heimische Ort" (fährt nicht nach Griechenland)[98] {...}
„Hölderlin hat sein Anfängliches gerettet" (H{eidegger})[99] (An der Straße, Nieseln, Maison rouge)

27.7.1986
Es ist doch das Dichterische in mir, als meine Instanz – die ich immer wieder überschritten habe; hätte ich meiner Instanz gehorcht, hätte ich vielleicht keine Zeile geschrieben, oder jedenfalls keine zusammenhängenden Sätze; der rein seiner Instanz gehorcht hat und doch zu einem Zusammenhang kam, das war wahrscheinlich nur Hölderlin (Rundfahrt Landévant – Merlevenez) Die grasrupfenden Kühe und das Stroh in den unteren Zweigen der Bäume (in Landévant die rue du désert, abzweigend von der rue de la chèvre)
„Die Prüfung muß <u>durch die Knie gegangen sein</u>. Der Eigensinn muß sich beugen und verschwinden" (Heidegger, Ein Wort zu Hölderlins Dichtung) [1963][100] (s. L{angsame} H{eimkehr})
„Erkenne dich selbst": Wenigstens meine Flüchtigkeit habe ich erkannt (wenn ich bedenke, wie ich mich einst zu Heid. verhielt ...) [immer noch am Ufer des Blavet; dunkler, windiger Tag, die Mäanderrillen unten im Schlick, die Rabenkrähen im Gras, das in Wellen geschnitten ist]
καὶ τὸ σιγᾶν πολλάκις ἐστὶ σοφώτατον ἀνθςώπῳ νοῆσαι (Pindar, zitiert von Heid.)[101] {...}

---

[98] Martin Heidegger an Erhart Kästner, Brief vom 21.2.1960, in: Heidegger/Kästner, Briefwechsel, 43.
[99] Vgl. einen Brief Martin Heideggers an Erhart Kästner vom 23.8.1962: „Oft ist mir, als sei dieses Griechenland wie eine einzige seiner Inseln. Es gibt keine Brücke dahin. Es ist ein Anfang, Hölderlin hat sein Anfängliches gerettet." (Heidegger/Kästner, Briefwechsel, 51)
[100] Vgl. Martin Heidegger, Ein Wort zu Hölderlins Dichtung. Vorbemerkung zum Vortrag einiger Gedichte, Beilage zu: Martin Heidegger an Erhart Kästner, Weihnachten 1963, in: Heidegger/Kästner, Briefwechsel, 61: „Die Prüfung muß durch die Knie gegangen sein. Der Eigensinn muß sich beugen und wegschwinden." Vgl. Friedrich Hölderlin, Der Ister: „Und wenn die Prüfung / Ist durch die Knie gegangen".
[101] Heidegger übersetzt: „Und das Schweigen – oft ist es das Weiseste für den Menschen, (es) im Sinn zu halten." (Martin Heidegger an Erhart Kästner, Brief vom 9.3.1964, in: Heidegger/Kästner, Briefwechsel, 70)

„Nichtung": „Vernichtung" (Heid.) „reine Nichtung"¹⁰² {...}
„Schweigen müssen wir oft, es fehlen heilige Namen" (Hölderlin, zitiert von Heidegger) (s. o. Pindar)¹⁰³ {...}
Dem Heidegger aber fehlt doch das Entscheidende: das Trunkene (mit oder ohne Wein) [seltsame „Ermitage" an der Straße nach Kervignac ...]

Mit seiner Auswahl akzentuiert Handke den Gegensatz von „Flüchtigkeit" und „Festhalten". Als Ideal scheinen ihm, der stets zur Unbeständigkeit neigt, Heideggers Tugenden des „Wohnens", seine Ortsverbundenheit, seine Fähigkeit, einmal Gesehenes im „Andenken" zu bewahren und sein beharrliches Zurückkommen auf die griechische Antike. Im zitierten Brief an Kästner vertritt Heidegger die Ansicht, Hölderlin habe das „Anfängliche" der Griechen entdeckt – nicht sein eigenes „Anfängliches" oder seine innere „Instanz". Handkes Missverständnis zeigt, wie sehr es ihm um Selbsterkenntnis geht. Der eingeklammerte und unvollendete Halbsatz: „wenn ich bedenke, wie ich mich einst zu Heidegger verhielt ..." ist schwer zu interpretierten. In jedem Fall drückt er wohl das Bedauern aus, sich nicht intensiver mit seinen Schriften beschäftigt zu haben.

Die Spuren, die Heidegger in Handkes Notizbüchern hinterlassen hat, deuten auf ein anhaltendes Interesse, das sich allerdings nicht in einem ausgiebigen Studium, sondern in sporadischer Lektüre äußert. Vermutlich hat Handke mehr von Heidegger zur Kenntnis genommen, als er in den Notizbüchern erwähnt. Aus dem Briefwechsel mit Alfred Kolleritsch weiß man etwa, dass er auf dessen Empfehlung während seiner Ägypten-Reise Anfang 1988 Heideggers Heraklit-Seminar gelesen hat.¹⁰⁴

---

102 Vgl. Martin Heidegger an Erhart Kästner, Brief Ende Januar 1974, in: Heidegger/Kästner, Briefwechsel, 125: „Unerhörter Klang / von An-Fang / in die reine Nichtung: / Urfigur des Seyns,/ unzugangbar der Vernichtung".
103 Vgl. Martin Heidegger an Erhart Kästner, Brief vom 11.3.1974, in: Heidegger/Kästner, Briefwechsel, 128: „Unschickliches liebet ein Gott nicht, / Ihn zu fassen ist unsere Freude zu klein. / Schweigen müssen wir oft; es fehlen heilige Namen".
104 Vgl. Peter Handke in einem Brief vom 5.1.1988 an Alfred Kolleritsch, in: Handke/Kolleritsch, Briefwechsel, 175: „Ich lese unterwegs auch das Heraklit-Seminar von M. H., was mir kindlich vorkommt und mir also guttut." Vgl. Heidegger, Seminare, GA 15.

Zu beachten ist auch, dass Handke in seinen Notizbüchern von wenigen Ausnahmen abgesehen nur Textpassagen zitiert, die ihm einleuchten. In anderen Zusammenhängen äußert er sich wesentlich kritischer. In einem Interview erklärt er 1986, in Heideggers Schriften sei zwar „alles richtig", ihm fehle aber alles „Beschwingte". Besonders fragwürdig erscheint ihm nun die Sprache des Philosophen (der seine Figur Sorger 1976 noch emphatisch „geglaubt" hatte): Sie käme ihm vor wie eine „Betonwand", die „dichte Fügung" der Begriffe sieht er in der „aristotelischen Tradition der Einschüchterung durch Denkgehabe". Ausgerechnet Heidegger, fährt Handke fort, der „so viel von hausen und wohnen spricht", errichte „mit seiner Sprache eigentlich mehr so Betonbunker als Wohnstätten."[105] Der Vergleich, der wohl nicht zufällig an Hinterlassenschaften des Dritten Reichs erinnert, weist auf einen performativen Widerspruch hin: Heidegger vermittelt nach Handkes Ansicht eine Philosophie der Freiheit und Offenheit auf eine Weise, die ihm freudlos, gezwungen und hermetisch erscheint.

Gegen die These, Handkes Poetik sei von Heideggers Philosophie abhängig, spricht auch die Tatsache, dass einige der wichtigsten Leitworte Handkes – wie „Form", „Phantasie", „Bild" oder „Frieden" – bei Heidegger nicht im Zentrum stehen; umgekehrt interessierte sich Handke offenbar kaum für dessen Technik-Kritik. Um besser zu verstehen, was Heidegger im Jahrzehnt zwischen 1976 und 1986 für Handke bedeutete, müsste man seine ausgiebigere Beschäftigung mit Philosophen wie Nietzsche, Meister Eckart, Lao-Tse und vor allem Spinoza zum Vergleich heranziehen. Vermutlich ging es ihm auch in diesen Fällen kaum um die Aneignung eines Gedankensystems, sondern um einzelne Konzepte und Formulierungen, die ihm brauchbar erschienen. Auf der Suche nach Erzählformen jenseits von Handlungszusammenhängen las Handke die Schriften von Heidegger und Spinoza zeitweise wie „Evangelien".[106] Auf je unterschiedliche Weise begründen sie die gute Nachricht von der Eigenständigkeit der Dinge, indem sie Raum, Zeit und Sprache nicht im Menschen, sondern in einer Art innerweltlicher Transzendenz verankern.

---

[105] Handke, Gespräch mit Gamper, 206 und 238.
[106] Vgl. Handke, Am Felsfenster morgens, 37: „Spinoza ist das neuzeitliche Evangelium". Vgl. Anmerkung 29.

Zu den Autorinnen und Autoren

Ulrich von Bülow, geboren 1963. Nach dem Germanistik-Studium in Leipzig Lektor im Hinstorff Verlag Rostock, seit 1992 wissenschaftlicher Mitarbeiter im Deutschen Literaturarchiv Marbach, seit 2006 Leiter der Abteilung Archiv. Autor von Aufsätzen und Büchern u. a. über Franz Fühmann, Arthur Schnitzler und W. G. Sebald. Herausgeber von Texten u. a. von Rainer Maria Rilke, Erich Kästner, Karl Löwith, Martin Heidegger und Joachim Ritter.

Donatella Di Cesare, Professorin für Philosophie an der Universität „La Sapienza" in Rom. *Wichtigste Veröffentlichungen*: Gadamer. Ein philosophisches Porträt (2009); Grammaire des temps messianiques (2011); Utopia of Understanding. Between Babel and Auschwitz (2012). Zahlreiche Aufsätze zu philosophischer Hermeneutik, Sprachphilosophie und Jüdischer Philosophie.

Günter Figal, Ordinarius für Philosophie an der Universität Freiburg im Breisgau. Seit 2003 Vorsitzender der Martin-Heidegger-Gesellschaft. Zahlreiche Bücher und Aufsätze u. a. zur Phänomenologie, philosophischen Hermeneutik und Ästhetik. *Wichtigste Veröffentlichungen*: Gegenständlichkeit. Das Hermeneutische und die Philosophie (2006; portugiesisch 2007; ungarisch 2009; englisch 2010; italienisch im Erscheinen); Erscheinungsdinge. Ästhetik als Phänomenologie (2010).

Marion Hiller, wissenschaftliche Mitarbeiterin in der Neueren deutschen Literaturwissenschaft an der Universität Vechta. Promotion als wissenschaftliche Mitarbeiterin in der Neueren deutschen Literaturwissenschaft an der Eberhard Karls Universität Tübingen. M. A. in Philosophie, Neuerer deutscher Literatur und Neuerer englischer Literatur in Tübingen. Forschungsaufenthalte an der Johns Hopkins University (Baltimore/USA), der Universidad Alberto Hurtado (Santiago/Chile) und der Universität Al Azhar

(Kairo/Ägypten). *Wichtigste Veröffentlichungen*: Das „zwitterhafte" Wesen des Wortes. Eine Interpretation von Platons Dialog „Kratylos" (2001); ‚Harmonisch entgegengesetzt'. Zur Darstellung und Darstellbarkeit in Hölderlins Poetik um 1800 (2001); als Herausgeberin: Kunst, Erkenntnis, Wissenschaft. Formen des Wissens von der Antike bis heute (im Erscheinen).

Johann Kreuzer, Professor für Geschichte der Philosophie an der Carl von Ossietzky Universität Oldenburg, hat über Hölderlin promoviert (Erinnerung, 1985) und sich mit einer Arbeit über Augustinus habilitiert (PULCHRITUDO – Vom Erkennen Gottes bei Augustin, 1995). Mitglied im Vorstand der Hölderlin-Gesellschaft, Leiter der Oldenburger Adorno-Forschungsstelle. Zuletzt erschienen: Hegels Aktualität (Hrsg., 2010); Sonderausgabe des von ihm herausgegebenen Hölderlin-Handbuchs (2011).

Dennis J. Schmidt, Liberal Arts Professor für Philosophie und Germanistik an der Pennsylvania State University. *Wichtigste Veröffentlichungen*: The Ubiquity of the Finite: Hegel, Heidegger, and the Entitlements of Philosophy (1988); On Germans and Other Greeks: Tragedy and Ethical Life (2000); Lyrical and Ethical Subjects: Essays on the Periphery of the Word, Freedom, and History (2005); Between Word and Image: Heidegger, Gadamer, and Klee on Gesture and Genesis (2010). Herausgeber der SUNY Press Series in Continental Philosophy. Mitherausgeber: Hermeneutische Wege: Hans-Georg Gadamer zum Hundertsten (2000); Difficulties of Ethical Life (2008). Zahlreiche Aufsätze zu Kunst, griechischer Philosophie, Sprache und Natur.

Botho Strauß, geboren 1944. Deutscher Schriftsteller.

Markus Wild, geboren 1971, wissenschaftlicher Mitarbeiter am Institut für Philosophie der Humboldt-Universität zu Berlin. Promotion in Basel (2004), Habilitation in Berlin (2011). Forschungsschwerpunkte sind die Philosophie der Neuzeit und der Gegenwart. Mit Arbeiten zur Tierphilosophie hat er sich über das Fach hinaus einen Namen gemacht: Der Geist der Tiere (2005), Die anthropologische Differenz (2006), Tierphilosophie (2008). Im letztgenannten Buch beginnt Heidegger für sein Denken eine Rolle zu spielen. Aktuell arbeitet er an einer Einführung zur Philosophie Heideggers.

Personenverzeichnis

Adorno, Theodor W. 21–23, 148
Aischylos 153
Améry, Jean 131
Anaximander 59
Arendt, Hannah 118, 123
Aristoteles 55, 59, 96, 124, 135, 156
Auerbach, Erich 134

Bachmann, Ingeborg 23, 131
Badt, Kurt 151
Balzac, Honoré de 134
Barlach, Ernst 120
Barth, Hans 113
Baumann, Gerhart 18–19
Benjamin, Walter 28–29
Benn, Gottfried 118, 121
Bernhard, Thomas 131
Bichsel, Peter 123–124
Bloch, Ernst 148
Böhlendorff, Casimir Ulrich 47
Buber, Martin 20

Camus, Albert 134
Celan, Paul 13, 17–34, 131
Cézanne, Paul 118, 151

Derrida, Jacques 20
Descartes, René 74, 84, 148

Döblin, Alfred 120
Driesch, Hans 102

Flaubert, Gustave 134
Freud, Sigmund 127
Friedrich, Hugo 118

Gadamer, Hans-Georg 19, 49
George, Stefan 97, 120
Gernhardt, Robert 131
Goethe, Johann Wolfgang von 11, 109, 114, 116, 121–122
Gogh, Vincent van 61
Goldschmidt, Maria 17
Grass, Günter 131

Handke, Peter 6, 131–156
Hauptmann, Gerhart 118
Hegel, Georg Wilhelm Friedrich 79, 85, 96
Heraklit 49, 56, 59
Hofmannsthal, Hugo von 135
Hölderlin, Friedrich 10–11, 15, 21, 25–27, 32, 34, 47, 73–91, 93–94, 97–98, 101, 105, 115, 118–119, 121, 129–130, 138, 145, 148, 154–155
Homer 35–54
Horkheimer, Max 148
Husserl, Edmund 135, 148

Ingarden, Roman 151

Jahnn, Hans Henny 120
Jelinek, Elfriede 131
Jünger, Ernst 93–105
Jünger, Friedrich Georg 96

Kafka, Franz 120, 122–123
Kant, Immanuel 136–137
Kästner, Erhart 153–155
Klostermann, Vittorio 94
Kolleritsch, Alfred 140, 155

Lange, Hartmut 131
Lao-Tse 156
Lasker-Schüler, Else 120
Lessing, Gotthold
 Ephraim 134
Lukács, Georg 134
Lukrez 146

Marx, Karl 79–80
Marx, Werner 148–149
Meister Eckhart 156
Mörike, Eduard 11, 107, 109–110, 115, 128
Muschg, Walter 107–130

Nietzsche, Friedrich 14, 79, 81, 93–94, 96, 100–102, 146, 156

Parmenides 59, 74
Pascal, Blaise 74, 84, 89
Picasso, Pablo 118
Pindar 154–155

Platon 35–54, 59, 87, 96
Plessner, Helmuth 148
Pollack, Oskar 123
Proklos 79
Proust, Marcel 139

Rilke, Rainer Maria 11, 73–91, 135–136
Rosenzweig, Franz 28
Rühmkorf, Peter 131

Sartre, Jean-Paul 148
Schiller, Friedrich 121
Schwerin, Christoph 24
Sokrates 51–53
Sophokles 46
Spinoza, Baruch de 146, 156
Stadler, Arnold 126–127, 131
Staiger, Emil 107–130
Stevens, Wallace 126
Stifter, Adalbert 115–116, 127, 135–136
Strauß, Botho 131
Szondi, Peter 22

Tolstoi, Lew 134
Trakl, Georg 11, 97, 115–119

Volpi, Franco 35

Wagner, Richard 12
Walser, Martin 131
Weinheber, Josef 118
Winkler, Josef 149
Wittgenstein, Ludwig 148